博天下

余襄子◎著

海豚出版社
DOLPHIN BOOKS
中国国际传播集团

图书在版编目（CIP）数据

谋天下 / 余襄子著. -- 北京：海豚出版社，2024.
11. -- ISBN 978-7-5110-7156-9

Ⅰ. K827=2
中国国家版本馆CIP数据核字第2024CQ8852号

出 版 人：王　磊

策　　划：吕玉萍
装帧设计：李东杰
责任编辑：刘　璇
责任印制：于浩杰　蔡　丽
法律顾问：中咨律师事务所　殷斌律师
出　　版：海豚出版社
地　　址：北京市西城区百万庄大街24号
邮　　编：100037
电　　话：010-68325006（销售）　010-68996147（总编室）
传　　真：010-68996147
印　　刷：三河市燕春印务有限公司
经　　销：全国新华书店及各大网络书店
开　　本：16开（710mm×1000mm）
印　　张：12
字　　数：104千
印　　数：10000
版　　次：2024年11月第1版　2024年11月第1次印刷
标准书号：ISBN 978-7-5110-7156-9
定　　价：59.00元

版权所有　侵权必究

前 言

以史为镜，可以知兴替。历史不仅仅是过去的记录，更是现代人汲取智慧的宝库。无论是古代的帝王将相，还是现代的领袖精英，他们都面临着各种挑战和抉择。他们的故事、他们的智慧、他们的成功与失败，都为我们提供了宝贵的经验和教训。

本书力图从古往今来的历史中，寻找谋略家留下的蛛丝马迹，铺展开来，从中汲取智慧的养分，学习智者胸中的谋略。

那，何为谋略？

谋略是刘备的"借名钓誉"；是曹刿的"敏于抓势"；是诸葛亮的"善于借势"；是吕端的"难得糊涂"；是曾国藩的"深藏不露"。

当然，谋略更是每位读者过往的经历和心中的所念。有的时候，谋略并不一定是打了一场精彩的"战役"、做了一件惊天动地的大事，而是许许多多我们读过的书、看过的影视、长期以来养成的思维习惯，甚至是已经内化在我们生命中的性格。

可以说，谋略无处不在，就像空气，无声无味，看不见也摸不着，但我们能够感受到。

本书共分为八章，每一章有一个相应的主题，每个主题下又分布着数十个历史片段，有些是历史记载，有些则是流传至今的民间故事。

有的时候，民间故事比真实的历史更生动，更能反映出谋略的精彩。就像"不是英雄不读三国"，英雄读什么？是《三国志》吗？大概率不是，而是《三国演义》。

本书难免有局限之处。若各位读者在阅读的过程中，心中有了自己的想法，那么恭喜你，这种想法很宝贵，值得记录下来，因为那些你自己想出来的，或许才是更适合你的谋略之道。

目录

第一章
顺势而为，借势而上，造势而动

背靠大树好乘凉 …………………………………… 001

学会"借名钓誉"，成功路上事半功倍 …………… 006

敏于抓势是智者 …………………………………… 010

善于借势为能人 …………………………………… 014

没有势，就要学会造势 …………………………… 019

第二章
韬光养晦，低调潜行

高调的后果往往很严重 …………………………… 024

今日不留余地，明天山穷水尽 …………………… 029

逞能的后果，往往很严重 ………………………… 034

深藏不露的人，才是有真本事的人 ……………… 040

与其和人争个面红耳赤，不如放低姿态修炼自身 …… 044

第三章
能屈能伸，善忍成谋

咬定青山不放松，立根原在破岩中 …………… 050

放下奢华的享受，从简朴做起 ………………… 055

屈己者，能处众；好胜者，必遇敌 …………… 060

小不忍，乱大谋 ………………………………… 064

能屈能伸，方显自强；志在四海，有伸有屈 … 070

第四章
欲擒故纵，人要学会耐下性子

无须完美，缺陷才让人更放心 ………………… 074

诱敌深入，放长线钓大鱼 ……………………… 079

示弱只为了麻痹对手 …………………………… 083

以退为进，方能游刃有余 ……………………… 088

把握时机，一招制胜 …………………………… 093

第五章

有圆有方，随圆就方

做一枚外圆内方的"铜钱" ······ 097
处治世宜方，处乱世当圆 ······ 101
大事讲原则，小事讲风格 ······ 105
变则通，通则灵，灵则达，达则成 ······ 108
位置不同，谋略的方向就不同 ······ 111

第六章

化敌为友，没有永恒的敌人

"化干戈为玉帛"也是消除仇恨的一种方式 ······ 116
虚怀纳谏，哪怕他曾经是敌人 ······ 121
敌人除了消灭，还能为己所用 ······ 125
宁可得罪君子，也不要得罪小人 ······ 130
以德报怨，会有意想不到的收获 ······ 137

第七章
有舍有得，抓住要领，才能立于不败

吝惜自己身外之物的人结局如何？…………………… 141

先舍才有得，不舍便没有得 ………………………… 145

抓大放小，才是真智慧 ……………………………… 149

甘当"配角"也是一种气度 …………………………… 153

好汉要懂得吃"眼前亏" ……………………………… 157

第八章
难得糊涂，大智若愚

别卖弄小聪明 ………………………………………… 163

"糊涂"也有大智慧 …………………………………… 168

投机取巧要不得，聪明反被聪明误 ………………… 173

诚实不是傻瓜，坦诚并非幼稚 ……………………… 177

"假糊涂"才是"真聪明" ……………………………… 181

第一章
顺势而为，借势而上，造势而动

背靠大树好乘凉

在做事前，普通人习惯于从自身出发，总是先想"我有什么资源"；而聪明的人往往能看到别人的资源，第一时间去想"我能借助什么资源"。俗话说"背靠大树好乘凉"，实际上，大树不仅仅是供人乘凉的地方，还能让人顺着它爬到更高处。

我们每个人的周围，其实一直都有"大树"。但问题就在于，我们如何才能让"大树"注意到我们，并愿意协助我们，我们如何能够赢得"大树"的信任和支持，让他愿意伸出援手，让我们在其荫庇下感到凉爽和安慰。

有些人说，这得靠利益交换；有些人说，如果"大树"是自

己的亲朋好友就可以了。

这种说法未免过于武断，不全面。归根结底，我们首先要做的是提升自己的价值，只有自己有价值了，别人才能注意到我们，那些"大树"也才能伸出援手，我们才更有可能跑到他们那里"乘凉"。

当然，这里的"乘凉"也并非一味地享受，如果是那样就太浪费了。我们依靠"大树"，最重要的目的是能够借助"大树"周围的资源，为己所用，从而实现自我的成功。

战国时期的李斯很早就明白这个道理。

战国末期是一个动荡的时代，激烈的竞争无时无刻不在发生，秦、楚、齐、赵、魏、韩、燕这七个强大的国家都在争夺霸权。但同时，这样的社会环境里充满了挑战与机遇，这也是一个人才辈出的时代。

李斯原本是楚国上蔡郡的一名小吏，官位不高，人微言轻。如果这样度过一生，恐怕历史文献中就不会记录下李斯这个名字了。

李斯的命运转机和老鼠有关。准确来说，是与两处地方的老鼠有关。

有一天，李斯在厕所和粮仓中都看到了老鼠。他发现，厕所里的老鼠吃的都是脏东西，生活在人们的驱逐与捕杀中，每天都过着惊恐和仓皇的生活。然而，那些生活在粮仓中的老鼠吃得好、睡得好，日子过得从容又舒坦。

这个景象深深地触动了李斯，也给了他很大的启发。他意识到，想要过上好的生活，就必须找到一个理想的环境。他决定要改变自己的处境,寻找一个能够实现自己鸿鹄之志的环境,以及一棵可以依靠的"大树"。显然,上蔡郡不可能是李斯的"大树"。

相比于厕所那样的环境,粮仓就是老鼠可以依靠的"大树",背靠这棵"大树",粮仓里的老鼠过得有滋有味。

于是,李斯毫不犹豫地辞去了上蔡郡的职位,毅然决然地来到了千里之外的齐国兰陵。在那里,他拜师于荀况门下。而在他的师兄弟中,有一个非常著名的人物,那就是日后让秦始皇都刮目相看的韩非。

多年之后,李斯学有所成,到了出去展现自己才华与抱负的时候了。然而,面对未来的道路,他不禁陷入了深思:究竟应该选择去哪儿呢?

在那段时间里,李斯对自己所处的时代背景进行了深入的分析。他注意到,战国时期虽然有七雄争霸的局面,但秦国的国力逐渐崛起,经过秦孝公以来的六世君主,特别是秦昭襄王的努力,秦国已经成为七国之首。与此相应,周王室的地位却日益衰落,已经完全失去了东山再起的可能。

无疑,在李斯的心中,秦国正是那棵他可以依靠的"大树",是他可以一展宏图的地方。

而且,秦国一向对外来的客卿(其他六国的人才)有很大的包容度。若是能去秦国,将来必有一番作为。

基于这样的判断,李斯决定将自己的发展重心放在秦国。

当李斯踏进咸阳城的时候,恰逢秦庄襄王病逝的消息传来,年仅十三岁的嬴政被立为新的秦王。由于秦王年纪尚幼,朝政大

权便由他的"仲父"吕不韦所掌握。在这个关键时刻,李斯决定投奔到权势显赫的吕不韦门下,寻求自己的发展机会。

在吕不韦的手下,李斯工作勤勉、办事谨慎。无论是处理日常事务还是应对复杂的问题,他总是认真负责地完成。这样出色的表现很快引起了吕不韦的注意和赏识。

吕不韦对李斯的才能和潜力十分赞赏,决定将他任命为"郎"——这是一个重要的职位,意味着李斯将有机会参与政事,并很有可能进入核心决策层。这个大门向李斯敞开,为他提供了更广阔的发展空间和机会。

随着时间的推移,李斯的地位和影响力不断提升,逐渐成为吕不韦的重要助手和得力干将。

此时的李斯,作为一位时刻关注天下局势的谋略之士,敏锐地察觉到韩、魏等国向秦国称臣,秦国已经占据了对六国的压倒性优势,这说明天下格局到了即将发生重大变化的时刻。他立即上书给秦王嬴政,提出了扫平诸侯、并吞六国、创建帝业的战略谋划。

秦王嬴政是一个有着雄心壮志和远大抱负的国君,他对国家的未来充满信心和期待。李斯的上书戳中了嬴政的所思所想,令他非常高兴。于是,他立刻提拔李斯为长吏,让他参与基本国策的讨论和制定。

在李斯等人的精心策划和布局下,秦国制定并实施了"远交近攻"的战略。秦国对"远交近攻"战略可谓是轻车熟路,早在范雎时代就已使用过,效果非常理想。这一战略的核心思想是,对于地理位置相对较近、实力相对较弱的邦国如韩国、魏国等，秦国采取猛烈的攻击和打击，以期通过强大的军事压力迫使这些国家彻底臣服于秦国。而对于那些地理位置相对较远的国家，秦国则采取更为巧妙的手段：一方面，秦国通过收买这些国家的权臣，利用他们的权力和影响力来扰乱这些国家的政局，从内部削弱它们的国力；另一方面，秦国利用离间计等手段，挑拨这些国家之间的关系，以引发矛盾和冲突，削弱他们的国力。

最终，李斯凭借嬴政的信任与重用，实现了一生的抱负。在秦统一中国之后，李斯贵为丞相。尽管其间也遇到过一些挫折，比如嬴政迫于国内宗室压力，将外国的人才都驱逐了。但李斯凭借自己的智慧与才能，写下了一篇《谏逐客书》，改变了嬴政的想法。

李斯的一生，很好地诠释了"背靠大树好乘凉"这个道理。

人生最大的幸福莫过于寻找到这棵"大树"，并且是一棵"正确"的"大树"。

当然，需要注意的是，对于不同的人而言，"大树"的性质也有所不同。比如对于李斯而言，秦始皇嬴政是有利于他的好"大树"，但秦二世胡亥显然不是。对于某些人是好的"大树"，对于其他人而言却未必如此。

学会"借名钓誉",成功路上事半功倍

> 荀子曰:"君子生非异也,善假于物也。"我们人比其他生物聪明的地方在于,我们会借助各种工具来提升做事效率。实体的物是工具,可以借用,别人的资源也可以是工具,甚至别人的名也可以借。如果我们能够借用到,那么做事也会达到事半功倍的效果。

在我们的日常生活中,不难发现一个普遍的现象:众多企业纷纷选择名人作为其产品或服务的代言人,而新开业的公司也常常邀请知名歌手或其他公众人物来助阵,以增加活动的吸引力。这种现象无疑是对名人效应的广泛应用。那么,为什么这些企业和公司会如此偏爱名人代言呢?名人与普通人相比,又有何不同,能够引发如此巨大的公众关注和讨论?

首先,我们需要认识到,名人所具有的独特魅力和广泛影响力是普通人难以比拟的。在娱乐、体育或其他领域取得显著成就的人物,往往拥有大量的崇拜者和追随者,他们的一举一动都牵动着公众的目光。因此,当名人代言某款产品或出现在某个场合时,他们的影响力便转化为对该产品或活动的关注,从而为企业带来了巨大的曝光度和潜在的客户群体。

其次，人们普遍存在一种心理预期，那就是认为名人使用或推荐的东西必然具有某种特殊性或优越性。这种心理背后是对名人品位和选择的信任，以及对"与众不同"的追求。在这种心理作用下，即使是平凡的商品或服务，一旦与名人挂钩，便被赋予了额外的价值和意义，消费者往往会因此产生强烈的购买欲望。

再者，名人的参与往往能够为活动增添光彩，提升活动的形象和档次。在开业庆典、产品发布会等场合，名人的出现往往能够吸引媒体的关注，提高新闻价值，进而吸引更多观众的目光。这种由名人带来的"光环效应"不仅能够提升活动本身的知名度，还能够为相关品牌或企业带来长期的正面影响。

实际上，别以为只有现在的人才会利用名人效应。早在三国时期，就有一个人将名人效应发挥到了极致，他就是刘备。

东汉末年是中国历史最为混乱的时期之一，"党锢之祸"就发生过两次，一次在汉桓帝时期，一次在汉灵帝时期，也难怪诸葛亮会在《出师表》中说："未尝不叹息于桓灵也。"

所谓"党锢之祸"，简单来讲就是士大夫这个群体为了对抗宦官集团所发生的一系列斗争事件，最终宦官集团略胜一筹，诸多士大夫遭到了清算与杀害。

不久后，黄巾起义爆发，将当时的社会矛盾推到了更尖锐的地步。百姓们流离失所，苦不堪言。黄巾起义平息之后，董卓专政，激起了地方豪强与士大夫的反抗，直接将东汉帝国撕裂了。

所谓乱世，对绝大多数的普通人而言是乱世，但对于英雄而言，却可能是建功立业的好机会。三国时期作为中国历史上最为

动荡的时期之一，却也是英雄辈出的时期。其中，刘备作为一个一无势力、二无资源的人，在三国乱世中脱颖而出，最终建立了蜀汉政权。

刘备的出身，可以说是当世豪杰中最低微的。他不像袁绍、袁术兄弟，背靠"四世三公"的头衔，门生故吏遍布全国，走到哪都有人脉，走到哪都有一口饭吃；他也不像曹操，虽说其父曹嵩是宦官曹腾的养子，曹操的出身也并不怎么好，曾被人视为"宦官之后"，但毕竟曹嵩家财万贯，曹操的政治资源也不少；他更不像孙权，背靠父亲孙坚与哥哥孙策建立起来的江东基业，刚上位的时候，手下就有周瑜、黄盖、张昭等人才。

刘备在很小的时候，父亲就去世了，他和母亲相依为命。家里也并非大富大贵，早年是"织席贩履"之徒，也就是卖草鞋的。

然而，有人并不会这么觉得，因为汉献帝还要叫他一声"皇叔"呢。

事实真是如此吗？

是，也不是。

刘备是皇帝的亲戚不假，但这个亲戚关系差得可真够远的。刘备是中山靖王刘胜之后，而刘胜是西汉初年汉景帝刘启的儿子。从西汉到东汉，中间还夹了一个王莽的新朝，前后横跨数百年，就算刘备与皇帝是亲戚，这亲戚之情也早已被时间稀释得几近无存。

更何况，刘胜不是只有刘备先祖一个儿子，他有一百多个子孙。光刘胜的下一辈，就已不足一百分之一的皇室血统，中间再隔个数百年，这皇室的血脉也微乎其微了。

毫不夸张地讲，如果当时有人口普查，随便一翻就能翻到一个姓刘的皇室之后。因此，刘备的皇室宗亲身份，并不稀有。

再者，皇帝之所以承认刘备的皇室宗亲身份，其实也是因为他势单力薄，需要一个人作为自己的亲信，联合其他的势力。况且刘备心向汉室，皇帝与他之间更多是现实利益的权衡。

然而，若是这么看刘备，似乎又小看了他。

要知道，刘备前期的创业生涯"惶惶如丧家之犬"。然而奇怪的是，他就算是失败了，就算是被敌人追得慌不择路，无论到哪里，他都能受到优待，甚至曹操都对他青睐有加，与他上演了一出"煮酒论英雄"的精彩故事。

刘备自身有能力、有魅力不假，但他的汉室宗亲身份也帮了他不少。这一小小的资源，被刘备无限放大，发挥了最大的作用。

随着刘备声名的增大和实力的增强，汉室宗亲的身份进一步推高了他的政治地位。特别是在他讨伐曹操以及后来在成都称帝时，都以此身份打着兴复汉室的旗帜，这种政治身份为他带来的影响力达到了顶峰。

刘备是一个善于利用外界资源为自己服务的人，他从一介"破落户"，到后来的蜀汉开国皇帝，一路走来，汉室宗亲的身份都带给了他很多看不见的资源，也为他吸引了不少人才。

当然，最后还是要提醒一句，借助名人效应，以及刘备善于借名钓誉的前提是自身要有实力，并且不能在借到名之后就躺平在上面。我们反观刘备的例子就知道，借名只是他实现自己抱负的一个手段。

如果刘备仅是一个汉室宗亲之后，并停止了个人奋斗，那么当时无论是谁，都会瞧不起他。在历史上，他也不会成为汉昭烈帝，而是一个笑话。

敏于抓势是智者

人们常说："机不可失，时不再来。"在普通人眼里，机会就像是夜空中的流星，一闪而过，不可预测，也不可捉摸，具有不确定性。然而智者的思维很敏捷，他们能够抓住其中的门道，在不该出手的时候绝不出手，在该出手的时候具有雷霆之势，一锤定音。

在这个世界上，有些人对于周围环境的变化具有非凡的敏感度，他们能够准确地捕捉到出手的机会，对机遇的把握能力也极为出色。这样的人，我们称之为"智者"。智者并不仅仅是知识的积累者，他们更擅长深入观察时势，敏锐地捕捉到那些稍纵即逝的机遇。

智者的存在，就像是那些经验丰富的航海家，他们在人生的大海中，面对着波涛汹涌、变幻莫测的挑战，能够凭借对风向的精准预测和对洋流的深刻领悟，巧妙地驾驭着航船，在危险之中找到一线生机。

智者的行为，不仅体现了个人的聪明才智，更彰显了他们对于复杂局势的深刻理解和制订应对策略的高超技巧。他们知道如何在变化中找到机会，如何在挑战中找到出路，如何在困境中找到希望。

能够把握时代大势的人在历史上屈指可数，这样的机会并不多，很多人终其一生也遇不到。因此，那些例子好是好，但缺乏对普通人实践的指导性。在生活中、在名利场或战场上，更多的是能够捕捉到局部大势的人，这样的人，理所当然也是智者。

在春秋时期，齐国与鲁国是邻居，但根据史料记载，两国的关系更多是竞争而非合作。齐桓公时期的齐国，国力正走上坡路，在管仲的治理下，齐国如日中天。

齐桓公二年、鲁庄公十年（前684年）的春天，齐桓公率兵进攻鲁国。于是，便在鲁国史书《春秋》上出现了"十年春，齐师伐我"的事情，史称"长勺之战"。

齐国军队开动的消息传到了鲁国。在某处郊外，一个人坐不住了，他就是曹刿。

曹刿要跑去见鲁庄公提点儿意见，同乡人都觉得曹刿有些不自量力，毕竟打仗这样的事，"肉食者谋之"，并劝曹刿"又何间焉"。

曹刿并不是"平民"，从他之后与鲁庄公的对话中可以得知，他有自己的谋略与想法。

面对同乡的质疑，曹刿丢下了一句"肉食者鄙，未能远谋"便走了。

见到了准备迎战的鲁庄公，曹刿率先发问："你凭什么去打

这场仗?"

鲁庄公有些不明所以,他认为虽然眼前的这个人气宇轩昂,很有精气神,但问出来的问题怎么如此令人大跌眼镜。齐国人来打我,我自卫反击,曹刿竟然问我凭什么去打这场仗?

冷静下来后,鲁庄公才明白眼前人的意思。原来他问的不是为什么要打这场仗,而是凭借什么去打。打仗,凭借的当然是军队和武器,但很显然,眼前的年轻人肯定不想听到这样的回答。

鲁庄公想了一会儿,告诉曹刿:"衣食这一类安身立命的东西,我不敢独自享用,一定会把它们分给其他人。"

鲁庄公的意思是说,平时他对周围的士大夫们很好,到了紧要关头,他们一定会尽心尽力帮忙的。

曹刿摇了摇头,说:"这种只能算是小恩小惠,并不能遍及所有人,人民也不会听从你,从而为你卖命的。"

鲁庄公转了转眼睛,继续说:"祭祀用的牛羊等牲畜,以及玉器丝绸,我从来不敢夸大数字,以诚信待天,老天一定会保佑我的。"

在无神论者看来,鲁庄公的这个回答完全就是负分。我们不知道曹刿信不信这些,反正他给了国君当头一棒,说:"你这些都是小信用,神灵不会因此而保佑你的。"

鲁庄公保持着国君应有的克制,继续回道:"那些大大小小的诉讼案,虽然我不能一一明察秋毫,但我一定根据诚心去判断。"

当鲁庄公等着接曹刿"第三棒"的时候,没想到这时他却不再反驳,说:"好!这才对了,可以去打这场仗了!"

鲁庄公这才明白，原来自己手中握有的强力武器，不是对士大夫的恩赐，也不是神灵的庇佑，而是"以人为本"的精神。还没等他反应过来，曹刿又说："如果你要出去打仗，把我带上。"

曹刿无疑是聪明的，他能够敏锐地抓住鲁国的优势所在。实际上，对于一个人或一个国家来讲，手中最强有力的武器并非士兵的多寡，兵器的锋利，而在于民心。

于是，鲁庄公与曹刿同乘一辆车，与齐国的军队战于长勺。

两军对垒，齐国那边已经响起了战鼓声，鲁庄公刚要下令击鼓，曹刿拦住了他。

齐军进攻三次之后，曹刿才示意鲁庄公，可以击鼓进军了。鲁庄公照做，鲁国的军队犹如洪水猛兽般扑向了齐军，齐军大败。

鲁庄公喜出望外，准备命令全军追击齐军，却又被曹刿拦下了。他跳下战车，四处看了看，又登上了战车，向齐军败退的方向眺望，说："现在可以追击了。"

于是，齐军在败退途中又被鲁国军队揍了一顿，许多兵甲器械都丢在了原地，成了鲁国的战利品。

事后，鲁庄公询问曹刿，曹刿解释道："打仗看的是士气，第一次击鼓，大家都信心满满；第二次击鼓，士气就有些疲惫了；第三次击鼓，士气几乎就枯竭了。齐国人三次击鼓之后，他们的士气最弱，而我们的士气却最强，因此能击败他们。"

鲁庄公在一旁点头称赞，曹刿继续说："齐国这样的大国很狡猾，谁知道他们是真的败退还是佯装败退引诱我们。所以我下车看了看齐国战车的车辙，是乱的；又看了看他们的旗帜，是倒

的。因此我断定，他们是真的败退，我们的追击才不会陷入他们的圈套。"

在齐国击鼓的时候，曹刿能够按兵不动，并非因为他惧怕齐国，而是在等待时机。在齐国击了三次鼓之后，曹刿敏锐地抓住了这一时机，下令出击，以士气正旺的鲁军对抗士气渐衰的齐军，一举占据了战场的主导权，赢得了胜利。

曹刿也没有被胜利冲昏头脑，在看到齐军败退的时候，他能够通过观察齐军败退留下来的车痕以及齐军的旗帜，判断出齐军是真败退还是诱敌之计。

曹刿无疑是一个智者，是能够精确判断时势的智者。

善于借势为能人

势，看起来很抽象，其实和个人的经验与眼界有关。聪明人善于抓势，而能人则善于借势。个人能力虽强，但再强也总有一个天花板，若是我们学会如何借势，就能突破这层天花板，抵达一个更高的高度。

能人不仅依靠自身的才智和力量去实现目标，他们还懂得如何巧妙地利用现有的条件和环境优势，甚至是借助他人的力量，来实现自己的目标。他们的智慧在于知道何时该依靠自己,何时又该借助外力,以此来放大自己的影响力,实现更大的成就。

在人生的旅途中,这些能人就如同策略大师,深知"单丝不成线,孤木不成林"的道理。他们擅长观察形势,洞悉时局,能够从周围的资源中寻找助力,无论是社会趋势、人脉网络,还是物质条件,都能成为他们借力使力的工具。他们的行为不是简单的依赖,而是一种深思熟虑后的主动出击,一种智慧的体现。

这种智慧,让他们能够在逆境中找到转机,在顺境中乘胜追击,达到事半功倍的效果。他们通过借势,往往能够在各种环境中找到生存和发展的空间,实现自己的目标。这种能力,不仅要求个人具有敏锐的洞察力和判断力,还需要有高超的社交技巧和资源整合能力。

在《三国演义》中,"火烧赤壁"的故事深入人心,尤其是在正式战役打响之前的铺垫,诸如"蒋干盗书""周瑜打黄盖""诸葛亮巧借东风"等典故更是千百年来为人们所传唱。

《三国演义》虽然不是正史,只是基于正史二次加工演绎的产物,但作者罗贯中在其中创作的故事却充满了谋略与智慧。

在赤壁之战之前,曹操南下荆州,荆州牧刘表的儿子刘琮刚刚继位,未放一枪一炮就投降了曹操。刘备闻之,仓皇出逃。刚刚拿下了荆州的曹操,势力正盛。他举兵南下,意图消灭刘备。当时,除了刘备之外,江东的孙氏集团作为一方诸侯,也是曹操的目标。

曹操给孙权写了一封带有威胁性质的劝降信,言说"欲与将军会猎于江夏",孙权忧心忡忡。后在诸葛亮与鲁肃的联合劝

说下决定孤注一掷，联刘抗曹。

但要抵抗，谈何容易？

论兵力，论资源，论粮草，孙权与刘备加在一起也远不如曹操。东吴方面的优势在于水军，但曹操刚刚俘获了荆州的资源与兵力，荆州的水军也不是纸糊的，也很强。

于是，东吴方面的指挥官周瑜巧施反间计，让曹操杀死了自己手下的得力干将蔡瑁和张允。他们二人虽说是小人，但能力也是有的，尤其善于操练水军。一旦等他们训练的水军成形，那么曹操就可以跨过长江天险，直接过江消灭孙权和刘备的军队。因此，当时的蔡瑁、张允是曹操的心腹，却是周瑜的心腹之患。

等到曹操见到蔡瑁、张允的人头时，聪明如他顿时反应过来自己中了周瑜之计，可为时已晚，二人不会因为曹操的悔恨而复活。

人不会复活，但计却在曹操心头生了出来。

当时曹操杀了蔡瑁、张允，大家都以为蔡瑁、张允是因为通敌叛国才被曹操所杀，只有极个别人知道这只是周瑜的反间计。

故而，曹操决定借着这个"势"而行，他派蔡瑁的族弟蔡中与蔡和前去投奔周瑜，作为间谍混入敌军内部获取情报。

当周瑜见到蔡中、蔡和两兄弟的时候，也立即反应过来，这是曹操的计谋。

聪明的周瑜并没有当场拆穿两位刚死了哥哥的兄弟，而是假意接纳他们，让他们在大将甘宁帐下听候差遣。

曹操会借势，周瑜更会借势。

曹操希望借助这个势来打探东吴内部的情报，而周瑜则顺势而为，借着这个势来给曹操传递假情报。

后来，当周瑜与诸葛亮都明确表示，对付曹操最好的办法是火攻之时，一个难题也出现了，该如何实施这个策略呢？

周瑜同样想到了诈降，就是派己方的一员大将前去假意投降曹操，到时便可随机应变采取行动。于是，历来被津津乐道的故事"周瑜打黄盖"就上演了。

周瑜在与黄盖商量后，议定了计谋。第二天，周瑜以黄盖"动摇军心"为由处以军法。黄盖被打后，暗地里表现出了对周瑜的"不满"，决定投降曹操。于是，他派阚泽前往曹操营中送信，以表自己的心意。

此时，黄盖的屁股开了花，曹操的脑袋也开了花。因为他的大脑陷入了高速运转的境地，不知道要不要相信黄盖。尽管曹操试探了阚泽，阚泽的义正词严让他动容，但他依然不敢相信。

就在曹操的大脑飞速运转的时候，蔡中、蔡和送来了"花"，他们在来信中绘声绘色地描述了黄盖的屁股是如何开花的。曹操见状，心中的疑虑又消了三分，便相信了阚泽与黄盖。

最终，黄盖驾驶着小船前来"投奔"。快靠近曹操大船的时候，突然点燃了柴草。小船带着火焰冲向了曹操的铁索连环之船。而不久之前，周瑜命甘宁将蔡中、蔡和杀了。

一把火，将曹操的水军烧得全军覆没，也断送了曹操一统江南的野心。从此战后，曹操再也无力窥视江东，三足鼎立的局势开始形成。

在《三国演义》的这个故事中，曹操与周瑜都是聪明人，都懂得"借势"的道理，但很显然，周瑜的智谋更胜一筹。因

为他不仅是借势，更是在不利局势下生生造了一个有利于自己的"势"。

有的时候，我们会因为眼前的状况一筹莫展，不妨仔细想想自己身边的资源与环境，有哪些是可以加以利用甚至可以突破困境的，这些都是我们可以借助的"势"。

"好风凭借力，送我上青云"，一个人或一个团体，凡是善于借助别人力量的，均可事半功倍，更快捷地实现目的。

老子说："上善若水。"水是天下至柔之物，却蕴含着无限的力量。一滴水滴在身上，你几乎没有感觉，但是汇聚成海水，借助气流和地震的力量，甚至可以摧毁城市。水是善于借势的，也是崇尚自然、顺应自然的，它从来不违背自然规律，遇方则方，遇圆则圆。我们做事也应如此，通过借助一些外在或者内在的力量来提高我们做事的效率，但不能急于求成，否则会适得其反。

善借势者能出神入化地使用"势"，往往水到渠成；不会借势者则处处留下造作的痕迹，结果是南辕北辙，适得其反。借势是一门艺术，它值得你一辈子去揣摩、研究和使用。

没有势，就要学会造势

有的时候，"势"就像机会一样，并不是时时刻刻都存在的。如同在烈日炎炎的盛夏，没有风，我们就借不了风的力量。但我们就只能束手无策，任凭自己在烈日下被暴晒吗？

当然不是。如果没有风，我们就自己造风；如果没有势，我们可以自己造势。

造势，意味着在人际交往和社会发展中，要主动营造有利于自己的环境和条件，通过积极的行动和策略，创造出支持和助力个人发展的"势"。这不仅仅是对外在条件的利用，更是一种内在能力的体现，它要求我们具备前瞻性的思维和创造性的行动。

因此，做人与成事的智慧在于，既要有勇气和智慧去创造和塑造有利的形势，又要谦逊和敏感地去感知和适应外在的变化。这样的人，能够在复杂多变的世界中游刃有余，不仅能够实现个人的成长和发展，也能够在社会中发挥积极的作用，成就一番事业。

三国时期是大部分中国人比较熟悉的一段历史，在这一时期，诞生了无数供后人敬仰的楷模、家喻户晓的历史典故等。当

然，也有很多智慧与谋略，在历史的长河中不断流淌，生生不息地滋养着后人。

除了前面提到的赤壁之战，很多人一提起三国，都会想到诸葛亮。无论在正史中还是在《三国演义》中，诸葛亮的形象都是光辉且伟大的，是后世无数人心向往之的人物。无论是他《隆中对》的见识与格局，还是他"鞠躬尽瘁，死而后已"的精神，都给我们留下了深刻的印象，也在历史中留下了浓墨重彩的一笔。他是出色的政治家，也是忠心耿耿的代表；是君主的好臣子，同时也是智慧的化身。

在《三国演义》中，刘备三顾茅庐请诸葛亮出山。然而在正史中，或说是刘备去请的诸葛亮，或说是诸葛亮毛遂自荐，亲自去见的刘备。无论哪一种说法，可以确定的是，在诸葛亮还未出山之前，他的名气就已经大到引起了刘备的兴趣。

诸葛亮出生于琅琊望族，先祖也曾做到司隶校尉。他的父亲虽然在东汉末年泰山郡做郡丞，但在诸葛亮八岁的时候，父亲就去世了，并未给他留下多少政治资本。在更早的时候，诸葛亮的母亲也离开了人世。因此，八岁的诸葛亮就成了一个孤儿，与弟弟诸葛均一起投靠叔父诸葛玄生活。

建安二年（197年），诸葛玄去世，诸葛亮当时只有十七岁，在隆中隐居。

在这期间，诸葛亮并没有"两耳不闻窗外事，一心只读圣贤书"，而是在等待机会。同时，他也正在做另一件事，那就是"造势"。

诸葛亮平日喜欢吟诵《梁甫吟》，并将自己比喻成管仲和乐毅。管仲和乐毅是历史上的名将贤相，管仲协助齐桓公率先在春秋时期称霸；乐毅则在战国时期率领燕军进攻齐国，"摧弱燕之兵，破强齐之雠，屠七十城"，将齐国打到几近亡国的地步。

此二人，都是历史上的佼佼者，而诸葛亮自比此二人，足可见他的雄心壮志。当然，诸葛亮最重要的目的可能是为自己造势。因为就当时来讲，大家都知道管仲、乐毅，却只有少数人才知道诸葛亮。

时人听闻诸葛亮自比管仲、乐毅，很多都认为他只是夸夸其谈之辈，不以为然，只有好友徐庶、崔州平等人相信他的才干。诸葛亮除了造势之外，也并非终日躺在床榻之上，只知摇扇。他和好友一起交流学习，钻研经典，增长智慧。最终，诸葛亮的造势取得了一定的成效，很多有才干的人在与他相处之后也看到了他的才能。

建安六年（201年），刘备被曹操击败投奔刘表，屯兵新野。在一次与司马徽的交谈之中，他从司马徽口中得知了诸葛亮这等人物。司马徽介绍说："大部分人都是见识浅薄的人，又怎么会了解当世的事务局势呢？能了解当世的事务局势的只有卧龙（诸葛亮）与凤雏（庞统）。"

司马徽是当时的名士，从他口中说出的诸葛亮，在刘备眼里才是俊杰。

不得不说，诸葛亮的造势是成功的。

但是要注意，造势的前提是自己本身就有能力，造势能放大能力与声望，却不能将没有的能力造成有。

在历史中，除了诸葛亮之外，陈胜也是善于造势的人，可两

人的最终结局却很不一样。

秦朝末年，苛捐杂税压得百姓直不起身来。陈胜原本是一个帮人种地的"佣耕"，后来被征发戍守渔阳。陈胜一行人在两名秦吏的押送下，日夜兼程赶往渔阳。然而到了大泽乡这个地方，天公不作美，连日的雨天让道路十分难走，耽误了一行人的进程。

眼看日子一天天过去，最后的抵达日期迫在眉睫，一行人陷入了极度焦虑的状态。因为按照当时的秦律，没有按时抵达不是罚款了事，而是死刑，立即执行的死刑。

陈胜自然不会心甘情愿地等死，一伙人中还有一个叫吴广的人，此人也是贫苦出身。俩人一合计，反正到了渔阳也是繁重的劳役，而到不了就会死，现在反抗也是死。那还不如直接反了，可能还有一线生机。

然而，在正式反秦之前，两人还做了精心的谋划。他们也明白造势的道理，况且当时的老百姓文化水平不高，没有科学思维，普遍崇神信鬼。

于是，他们用朱砂在一块绸帕上写了"陈胜王"三个大字，塞进渔民捕来的鱼肚子里。戍卒们买鱼回来吃，发现了鱼腹中没有鱼卵，而是"陈胜王"三字，都觉得惊奇。他们不认为这是别人的恶作剧，反而觉得这是天意。

同时，陈胜为了进一步造势，让吴广前往营地附近的一座庙里，在夜晚大家都睡着的时候，模仿狐狸的声音大声呼喊："大楚兴，陈胜王"。

附近的人被"狐狸叫声"吵醒，不会觉得这是谁大半夜不睡觉在外面闹事，而是觉得恐怖。因为他们相信这是神灵或鬼怪的声音。

如此造势之下，戍卒们都为此感到惴惴不安，在看到陈胜的时候都会想起这两天发生的奇怪事。他们不觉得这是陈胜在哗众取宠，博人眼球，而是把他与楚国的复兴联系在了一起。加上陈胜平日里对他们都很好，于是越来越多的人相信陈胜是被天意选召的人。

陈胜通过为自己造势，在众人面前树立了威望，最终揭竿而起，发动了推翻秦朝暴政的第一场起义。自此之后，起义军以星火燎原之势席卷了华夏大地，陈胜也成了中国历史上的第一位农民起义军领袖。

然而，陈胜虽然获得了一时的胜利，最终却因为自身能力与见识的不足，而导致自己被身边人杀死，起义也随之失败。

我们要知道，造势只是手段，不是目的。造势会让那些有能力的人更有能力，而不会让没有能力的人凭空造出能力。如果造势之后名不副实，那么等待他的将不是诸葛亮的"名垂千古"，而是陈胜的"身首异处"。

第二章
韬光养晦，低调潜行

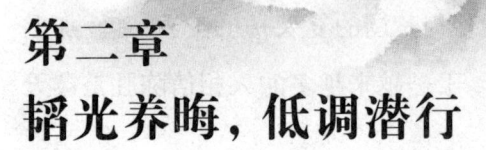

高调的后果往往很严重

这世间不缺少天才，也不缺少有能力的人，缺的是低调的行事风格，缺的是在有所成就后依然保持低调的态度。

高调固然可以使你一时之间成为万众瞩目的焦点。但长此以往，会将你带入万丈深渊，因为你永远不知道，你的高调伤害到了谁。

"高调"这个词经常被用来形容某些人在行为、言论或者生活方式上的显眼和夸张。这种高调的行为方式，总是显得与众不同、引人注目，往往让人一眼就能从人群中辨认出来。

有些人认为，高调其实是一种生活态度的体现，它至少展示了一个人自信的一面。他们敢于在众人面前表现自己，不畏惧成为焦点，这种自信有时甚至会激励他人。然而，这种看法往往只触及了高调的表面含义，而忽略了其背后可能隐藏的复杂性。

事实上，很多高调的人之所以选择这样的生活方式，是因为它能迅速吸引他人的注意。

不过，这种高调的方式并不总是正面的。有时候，过于追求显眼和夸张的表现，会让人失去自我，引起人内心的膨胀。在某些情况下，高调也会被视为一种炫耀，甚至是一种对他人的不尊重。

现在，高调的人往往讨人嫌，人们表面上不说，但内心却早已将此人拒于千里之外。而在古代，高调的人不仅令别人讨厌，弄不好，命都会被自己葬送。

比如，三国时期的许攸。

袁曹官渡之战，曹操赢得并不轻松。

北方实力最雄厚的袁绍当时已经吞并了公孙瓒，坐拥幽、冀、青、并四州，加上自己"四世三公"的头衔，已然成了不可撼动的一方霸主。而反观曹操，手上只有一个并无实权的皇帝——献帝刘协，地盘也就兖州与豫州，与袁绍相比，甚为弱小。

建安五年（200年），官渡之战拉开序幕。袁绍以"衣带诏"为名，起兵十万，讨伐曹操。面对袁绍军的大兵压境，黄河畔的白马渡口陷入了危机，所幸曹操采纳了谋士荀攸之计，以声东击西佯攻延津，解了白马之围，袁军大将颜良与文丑更是在仓促之中被关羽所杀。

战争刚一开始，袁绍就遭遇了失利，"河北四庭柱"折损

其二。不过袁绍家大业大，一点儿损失根本谈不上什么。反观曹操，虽然连斩颜良、文丑二将，但也仅仅只是保证了自己暂时没有输。

战争很快陷入胶着状态，身在前线的曹操有时也会力不从心，甚至怀疑自己是否还能坚持下去。曹操写信给留在许昌的荀彧，向其吐露自己的心意：不如暂时先退兵回去吧，将士们也都累了。

荀彧回信，让他坚持，这给曹操打了一针强心剂。

同时，袁绍帐下的谋士许攸献策，由于曹操几乎集中了所有兵力（三万左右）在前线对峙，如果袁军能抽调一部分兵马，奇袭他的大本营许昌，必能有所收获。

然而袁绍不为所动，他的想法很单纯，就是要活捉曹操。

袁绍虽有"四世三公"之名，但"因累世之资，高议揖让以收名誉"，为人也显迂腐；他帐下不乏聪明之士，如沮授、审配、许攸之徒，可都是"士之好言饰外者"；袁绍门生故吏众多，人际关系复杂，谋士之间也充满了明争暗斗，"大臣争权，谗言惑乱"，未能形成一股统一的战斗力。袁绍有着贵族的傲慢，刚愎自用，"外宽内忌，用人而疑之"，优柔寡断，所谓"多谋少决，失在后事"，在机会面前犹豫再三，缺乏冒险精神。

恰在此时，袁绍的大本营传来了消息，原来是许攸的家人犯了法，留守在邺城的审配丝毫不顾同僚之情，将其妻小抓了起来。

许攸一怒之下，直接投奔了曹操。

对于许攸的到来，曹操喜出望外，鞋子都来不及穿就出来相迎。

实际上，许攸与曹操也是老相识了。

十六年前，也就是中平元年（184年），许攸就曾有过一个大胆的想法，他与冀州刺史王芬、沛国周旌等人密谋废了当时的汉灵帝。此等谋逆之事，许攸竟然想到了曹操，想拉他一起入伙。那时候的曹操虽然年轻，但也不傻，果断拒绝。

结果，事情败露，王芬畏罪自杀，许攸则脚底抹油开溜了。

这次再见到许攸，曹操只字未提往事。因为他知道，许攸的这一次投奔，将会决定他与袁绍之间的战争走向。

许攸这一次弃袁投曹，带来了一个惊天消息。他建议曹操派奇兵袭击袁绍的粮仓——乌巢。若是乌巢一失，袁军必定自乱阵脚。

曹操本就是个敢于冒险的人，况且在当时，他除了冒险也没有其他更好的选择。

果然，曹操的这把火，把乌巢化为了灰烬，乌巢守将淳于琼由于醉酒，未及交战便被擒杀，"河北四庭柱"中的另外两位张郃与高览在走投无路之际，投降了曹操。

一把火，打破了官渡之战的僵持状态。从此，许攸成了曹军未来大败袁绍的头号功臣。

官渡兵败之后，袁绍郁郁寡欢，于两年后离世。其子袁谭与袁尚为了争夺继承权，联合袁熙与高干，三子一侄，互相攻伐，将袁家硬生生地撕裂了。在一旁的曹操坐收渔翁之利。

建安九年（204年），曹操攻破邺城，一举平定了冀州。作为破袁之战的首要功臣，许攸自然是风光无限。面对掌声与欢呼

声,许攸忘乎所以,俨然将自己当成了曹操的救星。在面对曹操的时候,许攸一不参拜,二不避讳,直呼其小名"阿瞒",全不顾及这位老朋友的面子。

诚然,许攸是官渡之战的功臣,但他居功自傲,行为与语言不加收敛,无时无刻不以一副高调的姿态出现,曹操的忍耐也让他逐渐飘飘然,完全将自己当成了曹操帐下独一无二的功臣。

人一旦飘起来了,前方等待他的,便是万丈悬崖。

有一次,许攸在军中当众对曹操说:"嘿,你没有我,是得不到冀州的。"(某甲,卿不得我,不得冀州也。)

中国人最忌自吹自擂。如果这话由别人说出来,倒也无妨,只是从许攸自己口中说出,就显得太过嚣张。

这话说完,许攸痛快了,其他人却不痛快了。

敢情冀州是许攸一人拿下来的?那么多将士的浴血奋战还不如你许攸的一张嘴?

曹操对此心知肚明,但表面上还是附和许攸道:"对,你说的是。"

其实在那个时候,曹操就已经在内心疏远了许攸。许攸却不知收敛,得寸进尺,高调得忘乎所以。

在一个风和日丽的日子,许攸恰好走出了邺城的东门。也不知那天的许攸是怎么想的,他抬头望着城楼,感慨万千,对左右说:"曹家若是没有我,是进不来此门的。"(此家非得我,则不得出入此门也。)

有人将此事报告给了曹操,曹操起了杀心。许攸何德何能,给他一点儿阳光就灿烂,曹操一而再、再而三地退让,本以为许攸会有所收敛，没想到他变本加厉，丝毫不顾及其他人的面子。

许攸被关进了监狱，这位口出狂言、将功劳都往自己身上揽的人，最终将死亡也揽了过来。

历史上，爱高调的人往往都没有好下场。

那些高调的人，只知前进，不知后退，眼里只有自己，没有他人。

这样的人，又有几个能得善终呢？

今日不留余地，明天山穷水尽

俗话说"做人留一线，日后好相见"，一个人若是总将别人的路堵死，那么到头来他也会将自己的路堵死。

给他人生存的空间，自己也会有相应的空间。

对他人宽容，也是对自己宽容。

人们常常认为，斩草必除根。有时候的确如此，因为若是斩草没有除根，那么日后必定会给自己留下祸害。

但是请仔细想一想，人们在什么情况下才会说出这样的话呢？

多半是在影视剧中，权力争夺的白热化阶段，而且是一场零

和博弈，有你就没有我，有我就没有你。

但是，我们在生活中遇到的绝大多数情况，生存环境并非如影视剧中那般恶劣。更何况我们都是普通人，而不是"皇帝"，因此，这句话显然是不合时宜的。

况且，就算是在权力争夺场上，这句话也并非绝对准确。

给别人留条退路，往往也是给自己的未来增添一份希望。若是将别人逼得无路可走，那么到头来只能害了自己。正如《孙子兵法》告诉我们"穷寇勿迫"，对陷入绝境的残敌不要去追，避免其拼死挣扎，反而让自己陷于不利境地。更何况在很多时候，就算心有除根之欲，也未必有除根之力。

无论是古今中外，人才都是第一生产力。战国时期的竞争远比春秋时期更加激烈，每个人都在玩着一场"争上游"的游戏，各国都在抢夺人才。

范雎原本是魏国人，出身寒微，从小就有志向。他有善辩之才，但在魏国一直得不到重用。

有一次，范雎跟随须贾出使齐国。齐襄公听说过范雎的才能，对他十分欣赏，私下里赠送了他黄金、牛肉和美酒。

齐襄公或许是好心，但是非常糊涂，他这么做很可能会将范雎陷于不利之地。

果然，须贾对此产生了怀疑，为什么齐国国君单单对范雎这么好？

须贾觉得，范雎一定出卖了国家机密，将魏国卖给了齐国，不然自己带着这么大一个使团，齐王为什么不赏赐别人，偏偏赏赐范雎一个人呢？

再者，须贾是范雎的上司，别人绕过自己给自己的手下赏赐，这多多少少有点儿不尊重的意味。

让须贾感到没面子，后果很严重。

回到魏国后，须贾向魏国相国魏齐汇报了这件事。魏齐听说后，勃然大怒，问也不问就将范雎抓起来并严刑拷打。可怜的范雎挨了一顿莫名的鞭打，被打得血肉模糊，皮开肉绽，肋骨被打断了，牙齿也被打落了。

再这样下去，范雎就要被活活打死了。在奄奄一息之际，他急中生智——装死。所有人都以为范雎已经被打死了，就向魏齐报告了此事。魏齐又是二话不说，命人将范雎包起来，扔进了厕所里。

至此，魏齐还不解恨，让宾客都在范雎身上排泄，以作羞辱。

毫无疑问，魏齐将范雎的路堵死了。

所幸范雎只是装死，后来在别人的帮助下，更名换姓之后，逃往秦国。

在秦国，范雎的才能得到了发挥。他也被秦昭襄王重用，定下了"远交近攻"的战略方针，为秦国日后一扫宇内奠定了基础。

后来，秦国准备进攻韩国与魏国，魏王听闻此事后，顿时慌了，派须贾出使秦国，劝说秦王不要为难魏国。

命运有时就是如此幽默，当时的范雎贵为秦国相国，不出意外的话，范雎与须贾又要见面了。

范雎听闻须贾前来，便隐藏了相国的身份改装出行，穿着一身破烂去见须贾。

两人相见，须贾从范雎口中得知他目前在秦国讨生活。看他朝不保夕的样子，须贾心生怜悯，一边邀请他一起吃饭，一边又将一件粗丝袍送给了他。

吃完饭后，范雎亲自为须贾拉马，一同去见秦国相国。须贾自然不知道，秦国相国其实就是范雎。

当须贾得知刚刚看起来像乞丐的人是秦国相国之后，顿时惊出一身冷汗。范雎义正词严地指出了须贾的罪过，本想处死他，但念在刚刚须贾送给自己一件粗丝袍的份上，饶了他一命。

乍一看，是粗丝袍救了须贾一命，实际上，是须贾的良知救了他自己。若是他本着一副"仇人相见，分外眼红"的态势面对乞丐样的范雎，或是带着"你还没死？那我现在弄死你"的心理面对范雎，想必他这次必定无法活着回到魏国。

回到魏国后，须贾将"范雎没死，还当上了秦国相国"这一事实告诉了魏齐。魏齐大惊失色，想想就后怕，于是跑去了赵国，藏身在平原君家里。

可是，魏齐最终没有逃过死劫。在秦昭襄王的军事压力与威胁下，魏齐又离开赵国，回到了魏国，试图请信陵君提供帮助，但信陵君权衡再三之下，不愿见魏齐。

魏齐自知已走投无路，愤而自杀。赵孝成王砍下了魏齐的头，送到了秦昭襄王那里。

聪明的你，认为是谁杀了魏齐呢？

是赵孝成王吗？是秦昭襄王吗？是范雎吗？

都不是，杀死魏齐的，正是他自己。

因为他不给别人留余地，最终葬送了自己的性命。

在《三国演义》中，诸葛亮七次捉住了南方少数民族的部落首领孟获，但在前几次成功擒获之后，都将他放了。这样的行为在一些人看来似乎难以理解，甚至有些愚蠢。他们可能会想不通，为何要耗费如此巨大的精力去捉拿一个人，却在得手之后又放他离去，这不是典型的"放虎归山"吗？可如果我们换一个角度去思考，就会发现其中蕴含着深远的智慧。

诸葛亮之所以这样做，实际上是在为自己的未来留下可能性，同时也给了孟获一个重新选择的机会。诸葛亮知道，要想让一个人心甘情愿地为自己服务，仅仅依靠武力是不够的，必须让对方心悦诚服。果不其然，在第七次被擒后，孟获终于放弃抵抗，心甘情愿地投降，成了蜀汉的忠臣。这一行为不仅体现了诸葛亮的谋略智慧，也成为后世传颂的佳话。

从更深层次的意义上看，留有余地实际上是一种积极向上的人生态度。"上善若水"，水善利万物而不争，意味着一个人的心境应当像水一样纯净、善良。作家刘墉在他的著作中提到了一个非常有意思的说法，他说人们常常对太阳的炽热感到惊讶，却忽视了脚下大地所蕴含的巨大热量。正是因为大地先行温暖，许多花朵才能在冰雪融化后绽放。同样，如果人情不暖，那么就让自己的内心先行温暖，这样我们才能在这个纷扰的世界中保持一份清净和善良。

一个内心充满善意的人，往往能够站在他人的角度考虑问题，因此在处理人际关系时，他们常常会给别人留下一些余地。虽然这样做可能会让他们在某些时候失去一些名利或者物质上的回报，但他们却会获得更为珍贵的东西——别人的感激和尊

重。这种无形的财富，远比财物更有价值。

在中国传统文化中，讲究"中庸之道"，不偏不倚，恰到好处。这种思想实际上也是在告诉我们，无论做什么事情，都要留有余地，不要过于极端。只有这样，我们才能在生活中保持平衡，在复杂的人际关系中游刃有余。

逞能的后果，往往很严重

老子在《道德经》中提到："知人智者，自知者明。"

然而，很多人都在追求知人的智慧，却没有自知的明智，不得不说，这是一种本末倒置的做法。试问，如果一个人连自知之明都没有，又怎么会有知人的智慧呢？

每个人都会面临着各种各样的挑战和选择。在这些时刻，最难能可贵的品质之一便是对自我的认知和深刻理解。这种自我认知不仅仅是对自身能力的准确评估，更是一种智慧的体现。一个人能够清楚地知道自己的能力边界，了解自己的长处和短处，这本身就是一种成熟和睿智的表现。

在面对问题和困难时，很多人可能会因自信或是强烈的表现欲而选择逞强，试图去做一些超出自己能力范围的事情。然而，真正的智慧在于认识到自己的局限性，并且在这个基础上量力而行。这意味着要在自己能力所及的范围内尽最大努力，也意味着在必要时去寻求帮助，或者勇敢地承认自己无法独立完成某项任务。

量力而行并不是一种消极的态度，而是一种积极的生活哲学。它鼓励我们诚实地面对自己，不断地自我提升，同时避免盲目自大或自卑。这种态度能够帮助我们更准确地制定目标，更高效地实现这些目标，并且在生活中保持平衡。

战国时期的秦武王嬴荡就是一个不知天高地厚，最终亲手将自己送到阎王殿的奇葩型选手。

秦武王生平做过最惊心动魄的一件事是举鼎。说起举鼎，可能大家第一时间会想起"力拔山兮气盖世"的项羽，然而在中国历史长河中，还有一位"举鼎届"的著名人物。只不过，项羽是真举起来了，镇服了众人；而他却因举鼎砸死了自己，惊呆了众人。

秦国自商鞅变法以来，国力日强，尽管秦武王的父亲秦惠文王灭了商鞅的族，但对内并未改动他的改革路线。在外，张仪出使六国，不断削弱六国的实力，使得它们无法拧成一股绳来对抗秦国。

从秦武王的谥号就可以看出来，嬴荡崇尚武功，他身高体壮，因此看不上张仪那种"玩嘴皮子的"文官，再加上诸多大臣排挤张仪，张仪自己也觉得再在秦国待下去，须臾便有性命之忧，于是离开秦国，去了魏国。

嬴荡雄心勃勃，企图问鼎中原。而六国中楚国实力最强、地

盘最广。为了对付楚国，嬴荡有意拉拢他的世仇越国。两国达成了密约，一起对付楚国。

嬴荡总觉得自己与其他国君不一样，他见六国都有相国一职，便将秦国的相国改为丞相，以此标榜自己的与众不同。

秦国似乎一片欣欣向荣的景象，新官名预示着新征程。

秦武王三年（前308年），左丞相甘茂出使魏国，相约一起攻韩。在进攻宜阳（今河南洛阳西部）的时候，起初并不顺利，近半年未有战果，嬴荡随后派了喜欢的大力士乌获前往协助，最终在第二年攻克了宜阳，紧接着又夺取了武遂（今山西垣曲东南），吓得韩襄王急忙前来议和。

嬴荡露出了笑容，他发誓一定要通过"武"来创立属于自己的功业。他要用自己的双手去开创一个属于自己的时代，只可惜，命运女神却阴差阳错地用他的双手结束了他的生命。

人总是会喜欢和自己相近的人，正所谓"物以类聚、人以群分"，大力士当然也喜欢大力士。在嬴荡一朝，他重用多名大力士，前有任鄙、乌获，后有孟说。

孟说又叫孟贲，齐国人，天生神力，是当时著名的勇士。《东周列国志》写他"水行不避蛟龙，陆行不避虎狼"，据说有一次在郊外看到两头牛打架，他二话不说就冲上去，双手制服了它们。世人都畏惧他，看到他都要躲得远远的，唯恐惹怒了他。尽管这是小说家之言，但至少有一点可以肯定，孟说的力气很大，是一个大力士。

孟说听闻嬴荡招纳勇士，便一路西行，来到了秦国。嬴荡见孟说与自己有着相同的喜好，喜出望外，与他相谈甚欢。

秦武王四年（前307年），嬴荡的心开始膨胀了，他前往洛阳，不知是要去做什么，兴许是给当时没落的周天子讲述自己的英勇事迹，去他面前显摆显摆。此次出行，嬴荡身边的大力士大臣自然跟随。

兴许是在洛阳觉得很无聊，繁华不再，周天子也已然没有了往日的威风。闲暇之余，不知是谁率先提议的，嬴荡与孟说决定来一场举重比赛。反正嬴荡天生力大无比，对自己的力量非常自信，两人一拍即合，决定比出一个高下。

可是，问题来了，举什么呢？

鼎！

嬴荡要举的鼎，叫龙文赤鼎，是天子九鼎之一。九鼎作为当时九州天下的象征，是自大禹时代留下来的传国宝器。嬴荡此举，无疑是向天下人宣示自己的力量与野心。

目前已无法知道龙文赤鼎究竟有多重，它早已被淹没在彭城附近的泗水之下了。不过根据后世的推断，这个鼎至少也要220千克的样子。在那个没有营养学和科学训练的年代，嬴荡要举起这么重的鼎，基本不可能。可嬴荡却不信这个邪，他的狂妄自大让他不知自己的斤两，不知自己的极限究竟在哪里，那气势似乎天下就没有他举不起搬不动的东西。

举鼎的后果，是嬴荡折断了自己的膝盖骨，据说就连眼睛里都流下了血水，倒地而亡。

《史记》中记载："十八年，秦武王与孟说举龙文赤鼎，绝膑而死。"

嬴荡死后，那个同他一起比赛的孟说被族诛。

秦武王死时年仅二十三岁，无子。于是秦国迎回了在燕国当人质的稷，是为秦昭襄王——秦始皇的曾祖父（秦武王与秦昭襄王是同父异母的兄弟）。

放着好好的一个秦国国君不当，偏要去举鼎。当时，秦国如日中天，历经商鞅改革，虽不能一举吞并六国，但无疑是对外开疆拓土的好时机。然而，国君嬴荡不爱江山爱举鼎，白白错失了一个谋取天下的良机。

如果嬴荡生活在今天，也许可以成为一名优秀的举重运动员，因为现在有专业的知识与科学的训练，明确人类的极限。再不济，嬴荡也可以去为运动品牌做广告代言，因为他这个国君确实身强力壮且个性十足。

人最难的就是要认清自己，遇事不逞能。

连国君都如此，何况我们这些普通人呢？

隋炀帝大业十二年（616年），李渊被任命为太原留守，负责维护这一要塞的稳定。然而，北方的突厥民族却不断以庞大的军队，对太原城发起了多次猛烈的攻击。

在这危急时刻，李渊巧妙地运用了疑兵之计，通过智谋和策略，勉强将突厥军队从太原城下吓退。然而，更棘手的问题接踵而至。在突厥的支持和庇护下，郭子和、薛举等人纷纷造反，兴兵作乱，使李渊陷入了防不胜防的困境。在这种情况下，李渊随时都可能因为无力防守而被隋炀帝以失责为由处以死刑。

在这样的情况下，人们都认为李渊会怀着深仇大恨，与突厥进行一场生死决战。出乎意料的是，李渊并没有选择这条道路。而是派遣他的谋士刘文静作为特使，向突厥示好，甚至表示愿意向突厥始毕可汗献上金银珠宝，以示臣服。

那么，李渊为何会做出这样屈辱的选择呢？其实，他有着深远的考虑。李渊知道，如果要在隋末天下中崛起，太原虽是一个战略要地，却不是理想的发家之地。他必须向西进入关中地区，才有机会号令天下。然而，太原对于李渊来说，又是绝对不能失去的根据地。那么，如何才能既保住太原，又能顺利西进呢？

当时，李渊手下的军队仅有三四万人，既要全力驻守太原，以应对突厥的不定时侵扰，又要剿灭四周有突厥撑腰的盗寇，兵力已然捉襟见肘。若要进伐关中，显然不能把重兵留下防守太原。唯一的办法，就是采取和亲政策，让突厥满足于现状，从而不再对太原构成威胁。因此，李渊不惜低头称臣，以保全大局。

退一步海阔天空，唯利是图的始毕可汗果然与李渊修好。李渊的让步，让他得到了突厥的不少资助。始毕可汗一路上送给李渊不少马匹及士兵，李渊又乘机购来许多马匹，这不仅为其拥有一支战斗力极强的骑兵奠定了基础，而且因为汉人素来惧怕突厥兵英勇善战，李渊军中有了突厥骑兵，自然凭空增加了声势。

李渊让步的行为，不失为一种明智的策略，它使弱小的李家军既平安地保住后方根据地，又顺利地西行打进了关中。若是李渊当时执意要和突厥决出高下，那么还会有后来的李唐王朝吗？

李渊是一个深知自己几斤几两的人，与不知天高地厚的秦武王相比，哪种人更能走到最后，笑到最后，就不必多问了吧！

深藏不露的人，才是有真本事的人

电影《一代宗师》中有一段对话是这样的："你知道为什么刀得有鞘吗？"

马三回答："因为刀的真意不在杀，而在藏。"

这句话如同智者的箴言：深藏不露的智慧，体现在行动中。

在这个纷繁的尘世，若能懂得深藏不露的真谛，或许能够更从容地面对人生的曲折与波澜。

深藏不露，是一种卓越的智慧，是真正厉害之人的标志。

人在年轻的时候更容易表现出张扬的个性，唯恐别人不知道自己，做事的时候喜欢声张，并总是想表现出自己与众不同的样子，以期获得更多人的注意。

与其说是年轻人城府不深，不如说这正是年轻人该有的样子。

然而，人不可能永远年轻，因此人生到了一定阶段之后，就要学会藏，藏住自己的心事，藏住自己的锋芒，藏住自己的性格。

一个真正有本事的人，往往看上去并不是那么显山露水，这并非因为他本身如此，而是因为他学会了藏住自己。而那些到了一定年纪还总是招摇过市的人，有可能徒有其表，内心空洞无物。

三国时期的荀攸便是这样一个深藏不露之人。

可能有些人没听说过荀攸这个名字，这并非因为荀攸本身实力不够，而是因为他是一个很懂得藏的人。你看，他不就在历史中很巧妙地将自己"藏"起来了吗？

荀攸是荀彧的堂侄，字公达，但年龄要比荀彧大。同时，他也是曹魏五大谋士中的一个，其余四个分别是郭嘉、贾诩、荀彧与程昱。你再看，同为五大谋士，荀攸的名声却不像郭嘉、荀彧那么远扬，但他们都是一等一的人才。

荀攸辅佐曹操二十余年，深得曹操的信赖。曹操评价他说："公达外愚内智，外怯内勇，外弱内强，不伐善，无施劳，智可及，愚不可及，虽颜子、宁武不能过也。"

好一个"外愚内智"，大智若愚说的正是荀攸这样的人吧。

有一次，荀攸的表兄辛韬来访，闲谈之间问起当初他辅助曹操战胜袁绍时的经过，但令辛韬没想到的是，荀攸言辞间句句否认自己的功劳，表现得极为谦卑，与前文讲述的许攸简直是两个极端。

有没有可能，荀攸并非谦虚，而是真的什么功劳都没有？

不是这样的，官渡之战后，曹操向汉献帝请求为荀攸封爵时便说："军师荀攸，从开始就辅佐臣下，没有哪次出兵没有跟从，前后多次战胜敌人，都是靠荀攸的谋划。"

荀攸与曹操相处二十余年，面对错综复杂的官场、变幻莫测的人心，自始至终应对得从容不迫，他淡泊而缄默。他为曹操

"前后凡画奇策十二",史家称赞他是"张良、陈平第二",但他本人对自己的卓著功勋却是守口如瓶、讳莫如深,从不对他人说起。荀攸与曹操相处,关系融洽,深受宠信,从来不见有人到曹操处以谗言加害于他,这点,他强于郭嘉;也没有一处得罪过曹操,使曹操不悦,这点,他强于荀彧。

官渡之战前的198年,曹操想征伐张绣,荀攸敏锐地看到了其中的风险,于是劝阻,认为张绣与刘表互相依持,如果放任他们不管,时间久了,他俩自生间隙,会反目成仇;但此时如果进攻张绣,那么刘表必然出手相救。

曹操并未采纳荀攸的计策,率军出击,结果刘表果然及时向张绣伸出援手,曹操的军队被击退。

事后,曹操对荀攸表达了自己的后悔,后悔没有听他的建议。

从这点上我们可以看到,曹操也是一个非常了不起的人,作为上级,能诚恳地在下属面前承认错误,本身就是常人所不及。

后来官渡之战的时候,袁绍派大将颜良围攻白马,曹操亲自率军援救。然而,曹操兵微将寡,如果和颜良硬碰硬,没有好果子吃。这时荀攸再次提出了他的看法,建议曹操声东击西。

这一次,曹操采纳了荀攸的建议。

曹操引兵到了延津,佯装出一副要进攻袁绍后方的态势。袁绍果然上当,分兵延津,曹操乘机率轻骑兵袭击白马,颜良仓皇应战,被关羽斩杀。

解了白马之围后,曹操自知白马并非久留之地,于是率六百骑兵押送粮草辎重沿河西退。刚出发没多久,曹操就遇到了袁绍的大量骑兵。此时,曹操军中人人恐慌,第一时间都想到了撤退,不料荀攸却说:"此时正是歼敌的好时机,为何要退呢?"

曹操这次知晓了荀攸的意思,命令士兵解鞍放马,丢弃辎重离开。袁军走近之后,看到地上全是被丢弃的曹军辎重,于是一拥而上,纷纷争夺,袁军陷入了混乱。突然,曹操率军回击,大破袁军,袁绍大将文丑也死于此次混乱。

至少就这两点来看,荀攸并非像他自己对辛韬所说的那样在官渡之战中毫无功劳。

荀攸心思缜密,常常能想他人所不及,关键时刻抓住稍纵即逝的时机,帮助曹操一次又一次战胜了强大的对手。可以说,荀攸的才能,丝毫不逊于荀彧、郭嘉;他的功劳,也半点不亚于贾诩、程昱。

荀攸有个好朋友叫钟繇,钟繇曾说:"我每次行动的时候,都会反复思考,认为自己已经考虑周全了。然而当我遇到荀攸,向他表达自己所想之后,他的回答总是出乎我意料。"

这也就是说,钟繇每次想好之后,荀攸总是能在他的思维背后发现其不足之处。

有人可能会有疑问,这钟繇没准是自己脑子笨,想不到那么深远,那荀攸是何等聪明之人,能看到钟繇的漏洞,有什么奇怪的呢?

可钟繇并非一般人,他是曹操帐下的重臣,同时也是一名出色的书法家。他的一个儿子则是征讨毌丘俭、灭亡蜀汉、与邓艾双星并辉的钟会。

再者,能和荀攸成为旧交的人,又能愚笨到哪里去呢?

荀攸生前有过十二策,他自己藏着不说,外人几乎没人知

道，只有好友钟繇知道。荀攸去世后，钟繇原本打算将荀攸的十二策整理出来，供后人流传。遗憾的是，钟繇还未整理完全，他自己也追随老朋友荀攸驾鹤西去，以至于荀攸的十二策究竟是哪十二策，后人无从知晓。这点，就连裴松之也甚为惋惜。

无论是做人还是处事，人生到了一定阶段，要学会深藏不露，一来不得罪于小人，以免遭人嫉恨，二来也不会给自己带来杀身之祸。

你若不信，难道想效仿许攸吗？

许攸荀攸，一字之差，千里之别也。

与其和人争个面红耳赤，不如放低姿态修炼自身

《古尊宿语录》中有一段对话非常有意思。

寒山问曰："世间有人谤我、欺我、辱我、笑我、轻我、贱我、恶我、骗我，该如何处之乎？"

拾得答曰："只需忍他、让他、由他、避他、耐他、敬他、不要理他、再待几年，你且看他。"

有的时候，我们会被人轻视，甚至遭人嘲笑与耻笑，与其据理力争，与对方争一个面红耳赤，不如静下心来，放低姿态，好

好修炼自己。

因为，只有让自己不断成长，让自己不断取得新的成就，才是对别人轻视的最佳回复。

行动的说服力往往要远高于言语。

与人相处，做人做事，最好的办法就是放低姿态。因为"水因善下终归海，山不争高自成峰"。

当然，你要记住，放低姿态不是作践自己，不是妄自菲薄，而是为了成为更好的自己。

你别不信，且来看看吕蒙是怎么做的？

吕蒙是三国时期的东吴大将，拜为南郡太守，曾攻皖城，取三郡，袭荆州，白衣渡江败关羽，一战而扬名天下。

不过，吕蒙能有后来的成就，在他小的时候是怎么也看不出来的。少年时，吕蒙跟随姐夫邓当生活，常年在军旅之中，没有多少机会读书，见识很浅薄，眼界不高，谋略也是平平。

有一次，孙权对吕蒙和另一位将军蒋钦说："你们现在身负重任，可别忘了学习啊，要增长自己的见识。"

谁料，吕蒙却说："军中事务繁忙，哪有时间读书学习？"

孙权说："再忙你能有我忙吗？我的军务要比你们繁忙多了，但我也不忘读书，读了很多兵书与史书，颇为受益。当年汉光武帝在百忙之中也不忘读书，曹操也手不释卷。希望你们不要找借口推脱读书。"

孙权的一番话，让吕蒙有了新的思考。

于是，他拼命读书增长见识，一到闲暇时间就捧起书卷。不久之后，他就读了很多书，读得比一般人都多。

有一次，学识涵养颇丰的鲁肃路过吕蒙的防地，前来拜访。实际上，鲁肃因为吕蒙行伍出身，便认为他没多少见识，只是一个粗野的"泥腿子"，对他多多少少有些瞧不起。

不过在交谈之中，鲁肃感受到了吕蒙身上发生的巨大变化。吕蒙对于当前的局势分析得头头是道，就连鲁肃也赞叹不已："我真没想到你的谋略竟到了如此地步，再也不是以前那个吴下阿蒙了。"

吕蒙笑着说："士别三日，当刮目相看，你知道这件事太晚了。"

无疑，吕蒙经由孙权一番话而脱胎换骨。他在得到别人的教导后能够虚心采纳，暗中修炼自己，让那些曾经瞧不上自己的人对他刮目相看。

没有吕蒙早年的低姿态与蓄力，也就不会有后来功勋卓著的吕蒙。

晚清名臣曾国藩曾有一段"哑巴吃黄连，有苦说不出"的经历。

曾国藩年轻的时候，一连考了七次科举才考中举人，得以进京当官。由于从小地方来到大都市，什么都不懂，所以他时常被人嘲笑。但曾国藩最特别的一点在于，他读书特别用功，因此升迁速度也比较快。

尽管曾国藩非常用功，尽职尽责，但他为人太过刚烈，敢说敢做，几乎把朝野上下都得罪光了，就连道光皇帝看到了都要摇头。

道光皇帝去世后，咸丰帝继位，曾国藩顿时觉得自己大展宏图的日子来了，于是一连上了好几封奏折，将官员都批评了一遍，以至于他又得罪了不少人。

在朝中，曾国藩几乎到了被人孤立的地步。

有一次，咸丰皇帝让他前往江西做考官，曾国藩在朝中受了不少气，正好借口离开了京城。

当时，太平军四起，咸丰皇帝发了一道奏折，要求在籍官员帮助地方政府操练兵团，共同剿匪。

曾国藩一心报国，于是组建了湘军。后来来到长沙，准备与当地的正规军绿营兵一起操练，共同对抗太平军。

当时长沙的绿营兵基本是一盘散沙，长沙协副将清德根本就不听曾国藩的，总是在背后给他制造麻烦。曾国藩一怒之下，一封奏折就写给了咸丰皇帝，弹劾清德。

与此同时，湖南提督鲍起豹也看不惯曾国藩，决定给他一点儿羞辱。

有一次，绿营军将曾国藩的湘军揍了一顿，曾国藩准备严惩此事。鲍起豹也不含糊，将那几个闹事的捆了送去曾国藩处。

绿营兵听说自己的兄弟被抓了，二话不说集中到曾国藩的门外闹事，他们越闹越凶，一时情绪失控，将大门撞开了。这是曾国藩面临险境的一次经历，那些当兵的大都没有文化，此时正是情绪激动的时候，闹不好可能当场将曾国藩杀死。

曾国藩吓得就往巡抚衙门里跑，跑到了隔壁巡抚大人骆秉章处。骆秉章一出现，大家顿时不闹了。骆秉章将那几个被捆的绿营兵松了绑，放他们回去了。

实际上，这是大家一起演的一出戏，就是要让曾国藩好好看一看自己几斤几两，就算有皇帝的专奏之权又能如何？

这也是对曾国藩的一番羞辱。实际上，按常理来讲，曾国藩做事不能说不对。那几个绿营兵闹事，本应受到惩处。

但军中上下都合伙欺负曾国藩这个外来户，此时的曾国藩能怎么办呢？是上前理论吗？那很快他就会身首异处了。

曾国藩眼看长沙待不下去了，就又跑去了江西。在江西，曾国藩虽没遭到羞辱，却也碰了壁。

就在这个时候，老天给了曾国藩一次机会——他的父亲去世，按照当时的礼制，曾国藩必须回家丁忧。

也就在这一段回家守丧期间，曾国藩好像脱胎换骨，到达了人生的新境界。如果说之前的曾国藩是一个愣头青，到哪儿都要和人论出个高低，那么丁忧之后的曾国藩似换了一副模样，做人做事也圆通起来了，这倒不是说他丢了初心，而是他学会了以一种低姿态来应对未来遇到的人与事。

没有这次转变，也就不会有曾国藩后来的成就。因此，与其眼睛总是盯着外面，不如多修炼自身。很多时候，并非别人故意与我们作对，而是我们的高姿态让对方不爽，将原本可以成为朋友的人转化成了敌人，得不偿失。

重新出山的曾国藩焕然一新，俨然一副"外圣内王"的姿态。

在南宋时期，江西有一位名士，他的傲慢态度达到了极点，对普通人毫不理睬。这位名士曾经提出想要与当时的大诗人杨万里见面，希望能够与他交流一番。杨万里非常谦虚地表示欢迎，并且提出了一个小小的要求，希望名士能够带来一些江西的特产，其中特别提到了"配盐幽菽"。

名士听到这个要求后，心生疑惑。他实在不知道"配盐幽菽"是什么东西，于是便带着好奇和不解的心情来到了杨万里面前。一见到杨万里，名士立刻开口说道："请先生原谅，我作为一个读书人，实在不知道'配盐幽菽'是什么乡间之物，所以无法带来。"

杨万里听到这句话，微微一笑，不慌不忙地从书架上取下一本《韵略》，翻开其中的一页，递给了名士。名士接过书，定睛一看，只见书上写着："豉，配盐幽菽也。"原来，杨万里让他带来的就是家庭日常食用的豆豉啊！

名士面红耳赤，心中充满了懊悔和羞愧。他意识到自己的傲慢和自大，对自己读书太少的事实深感后悔，自己的骄傲和自满不仅令自己失去了与杨万里交流的机会，更让自己在知识面前显得如此浅薄。

这些例子告诉我们，做人，不能太傲慢。有的时候，与其在争执中消耗时间和精力，不如退一步，从自身做起，通过不断学习和修炼，提升自己的能力和境界。这种谦卑和自省的态度，不仅能够帮助我们在复杂的社会环境中保持平和的心态，还能够使我们在人生的道路上走得更远，成就更加辉煌的篇章。

第三章
能屈能伸，善忍成谋

咬定青山不放松，立根原在破岩中

> 人的悲哀在于一生没有目标，就好像是航行的船没有方向，只能在汪洋大海中随风飘荡。看似前行，但很快就会回到原点，在原地转圈，白白耗费资源。其实，比这还要悲哀的则是，虽有目标，但总是患得患失，停一会儿，走一会儿，将大好年华浪费在"走还是停"的矛盾之中。

没有目标，人将一事无成。

有了目标，但不坚定，就算是取得了成就，也很快就会消散。

三国时期的东吴大将太史慈在临终前叹息道："丈夫生世，当带七尺之剑，以升天子之阶。"

如果你看到此段，内心豪情万丈，那么恭喜你，你的人生目标是清晰的。可如果看到此段无动于衷，那么你应该好好想一想，自己此生究竟要做些什么，你有目标吗？有坚定的目标吗？

目标对于一个人的重要性不言而喻。有目标在，我们的每个行动与决策都聚焦于我们的目标，我们在失败的时候不会陷入过度的沮丧与自我怀疑中。目标会让我们每一天的生活都充满意义，而不是简单的复制粘贴。

罗曼·罗兰在《约翰·克利斯朵夫》中说："大部分人在二三十岁上就死去了，因为过了这个年龄，他们只是自己的影子，此后的余生则是在模仿自己中度过，日复一日。"

你想过这样的生活吗？

至少越王勾践肯定不想，早期的夫差肯定也不想。

春秋时期，吴国与越国虽然是邻居，但经常打架。公元前496年，吴王阖闾趁着越国君主新丧之际，发兵进攻越国，却遭遇了惨败，阖闾也在撤退途中因伤去世。临终前，阖闾告诉自己的儿子夫差："必毋忘越。"

言下之意就是，此仇一定要报。

夫差记住了父亲的话，隐忍了三年。在这三年中，越王勾践就是夫差的目标。有了目标，夫差励精图治，整顿兵马，吴国在三年中积聚能量，准备一雪前耻。

三年后，越王勾践听说夫差整日都在厉兵秣马，每天的目标都是战胜自己。于是，他决定先发制人，将视自己为目标的夫差消灭。

然而，此时的吴国已远非昔日，越国大败亏输，连连败退。

吴军步步紧逼，越王带着残兵败将退守于会稽山，被吴军包围，陷入了走投无路的境地。

勾践想到了死，但身边的重臣范蠡却制止了他："大王，留得青山在，不愁没柴烧！您可千万别想不开啊。"

"事到如今，何如？"

"只有向吴王夫差祈和，必要的时候，甚至还要称臣。"

"大丈夫兵败至此，已愧对祖宗，安能向夫差俯首称臣，我死后，以何颜面面见祖宗？"

"大王，此言差矣，大丈夫能屈能伸，委曲求全只是权宜之计，并非长久之策。今日称臣，为的是明日的复仇。"

再三思量之后，勾践派文种前去吴军报到，递交了降书。

夫差战胜了勾践，报了父仇。此刻，他正志得意满，陶醉于自己的胜利之中，当看到勾践摇尾乞怜的降书后，更是虚荣心大增，准备答应勾践的请求，不再赶尽杀绝。

夫差身边的伍子胥极力反对。

"天以越赐吴，勿许也！"

上天将这么好的机会送到了吴国面前，不能答应勾践的求和请求啊！

文种回去后，将吴国的态度转告给了勾践。勾践怒气冲冲，决定杀妻弃子，与夫差决一死战！

就在勾践拔剑的时候，文种说："大王！万万不可，事情还有转机。我听说夫差身边的太宰伯嚭生性贪婪，只要大王肯狠下心，将宝物送给他，我想一定还有机会。"

伯嚭果然被越国收买了，从此在夫差面前尽说勾践的好话。

夫差听从了伯嚭的建议，拒纳伍子胥之言，赦免了勾践。

吴国军队撤了包围后，被困会稽山的勾践顿时松了一口气。

然而，夫差也不是一个听什么就信什么的人，勾践为了彻底打消夫差对自己的戒心，与范蠡一起去了吴国，时刻伺候在夫差身边。当然，勾践与范蠡深入吴宫，也是为了收集情报。

看着眼前这个对自己毕恭毕敬的手下败将，又有谁会想到这是他的权宜之计呢？

外有范蠡，内有伯嚭，夫差对勾践的戒心慢慢被瓦解掉了。当夫差确定勾践不会背叛自己后，就放他回国了。

回到越国后，勾践卧薪尝胆，发誓定不忘报仇。

夫差没有了目标，但勾践却有了新目标。

勾践采纳大臣的建议，贿赂夫差。另一方面，对自己国内采取休养生息的政策，积聚力量，徐徐图之。

与此同时，勾践展开了一系列的外交活动，针对吴国其时正与齐、楚、晋争锋的现状，他制定了结齐、亲楚、附晋的外交策略，使吴国进一步陷于孤立状态。

勾践还给夫差送上了美女，四大美女之一的西施就是在这时期被送到了夫差身边。

公元前482年，吴王夫差北上参加黄池会盟，准备让各诸侯都承认自己的霸主之位。为了震慑齐国等老牌大国，夫差这一次将全部精锐都带在了身边，老家里只留了少数老弱病残。

勾践觉得时机来了，便趁着夫差不在家的时候，进兵吴国，将留守的吴太子杀了。

夫差听说后院起火，顿时带着精锐回来了，勾践深知自己力

量依旧薄弱，便退而求其次，迫使吴国求和。

公元前478年，越军再度进攻吴国。在笠泽之战中，吴国大败，从此再也抵挡不住越国的侵袭。

公元前473年，勾践大举进攻吴国。此时的吴国，已经没有了昔日的雄风，都城被越军所围。

此时的夫差，像极了那时候的勾践。

夫差想起了二十年前的会稽，如今真实地体会到了勾践那日的心情。

我输了吗？

夫差想起了伍子胥。当年赐死他的时候，他留下了遗言，要求把他的头挂在东城门上，他要亲眼看到越国的军队进入吴国都城。

当时，夫差还觉得伍子胥太不识好歹了。可如今看来，似乎一切都被他说中了。

我怎么会输呢？

没有了目标的夫差，每天都在志得意满中度过，心中的锋芒与志气早已被磨得平滑。

我输了，我真的输了。

夫差自尽，享年五十五岁。

无论如何，夫差与勾践都有过坚定的目标，正是这种明确的目标将他们带上了辉煌之路。

生活有奔头，人才会有干劲，才能更大概率地激发出自身的潜力。

放下奢华的享受，从简朴做起

简朴的意义远远超出了表面的节俭和朴素，它是一种更深层次的人生态度和原则。奢华腐蚀人心，使人难以自制，难以抵住诱惑。这样的情况是非常危险的，因为你永远不知道，这些诱惑会将你带向何方。

自古以来，历史长河中涌现出无数成功人士。无论是在哪个时代，哪个领域，他们能够取得卓越的成就，一个共同的特点就是都能够做到自我约束。这种自我约束并不仅体现在他们的言行举止上，更体现在他们对待生活的态度上。

那些成功的人，虽然财富丰厚，拥有的金钱足以让他们过上奢侈的生活，但他们却始终保持着节俭的生活习惯。这种节俭并不是因为贫穷，而是智慧的生活方式。只有通过节俭，才能更好地管理自己的财富，更好地把握自己的命运，在众多竞争者中脱颖而出。

忆往昔峥嵘岁月稠。那些在历史上留下光辉篇章的善谋者，大都是"艰苦朴素，厉行节俭"的实践者。他们用自己的行动告诉我们，成功并不是偶然，而是需要付出艰辛的努力，需要有坚定的信念，需要有严格的自我约束。

在中国古代，一朝又一朝的皇帝虽然富甲天下，但其中不少圣德君王也懂得节俭的道理，甚至能做到以身作则。宋太祖赵匡胤登基后，十分关注国计民生，特别是在收取兵权、财权之后，加上不断对南方用兵耗资巨大，使得赵匡胤更加注重节俭。他把平日的开销降到最低，所用的车马都很朴素。寝宫中的帷帘都用青布包边，宫中帷幕也与普通百姓家的无异。赵匡胤经常把布衣等物赐给左右近侍，说："朕过去当兵时就穿这些。"

赵匡胤不仅以身作则，厉行节俭。还严格要求家人，教导子女不能贪求奢华。一次，赵匡胤的女儿魏国长公主穿了一件由翠鸟羽毛作装饰的短上衣入宫见父皇，赵匡胤见到后，十分不高兴。他对公主说："回去把它放起来，别再穿了。从今以后，不要用翠鸟羽毛作装饰了。"公主笑着说："这有什么了不起，一件衣服能用去几根翠鸟羽毛？"

赵匡胤正色说道："此话差矣，你穿这样的衣服，宫中其他人必会争相效仿，这样一来，京城翠鸟羽毛价格便会上涨了。百姓见有利可图，就会从各个地方贩运来，那要危害多少翠鸟呀。你难道不觉得自己有错吗？"

在一旁的宋皇后对赵匡胤说："您当了这么长时间的天子，就不能用黄金把乘坐的车马装饰一下，出来进去也显得气派一点儿吗？"

赵匡胤说："我大宋富甲天下，即使宫殿全用金银来装饰，也不难办到。但朕身为一国之君，就要为天下百姓着想，国家的钱财怎么可以乱用呢？古人说，以一人治天下，怎么能以天下奉一人呢？如果全为自己考虑，奢侈无度，那么天下人又该怎么做呢？他们又怎么想我这个皇帝呢？你们以后不要再提这类事了。"

节俭，不是因为我没有条件，而是我甘愿如此。善谋者，心中装的不仅仅是自己，更是整个天下。这样的人，心中所想的才是大谋略，而非搬不上台面的小伎俩。

康熙十六年（1677年），一位名叫于成龙的官员被提拔为福建按察使，肩负起了一省司法的重任。在踏上前往福建的征途之前，他特意吩咐人买了数百斤萝卜放置在船上。这一行为引起了旁人的疑惑，他们不解地问于成龙："萝卜并不值钱，您买这么多做什么？"

于成龙回答："在未来青黄不接的日子里，我们可以用这些萝卜与糠、杂米、野菜一同煮成粥，作为我们的主食。"

即使有客人来访，他也与客人共享这清淡的薄粥。他对客人解释说："我这样做，是为了节省一些粮食，以便在灾难来临时，能够用余粮去赈济受灾的百姓。如果每个人都能像我一样行事，那么更多的灾民将会得到救助，得以生存。"由于于成龙生活俭朴，每天只吃青菜佐食，江南和江西的百姓给他起了个外号"于青菜"，以此表达对他的爱戴。

于成龙还有另一个习惯，那就是饮茶。然而，考虑到茶叶的价格不菲，他不愿意在这方面花费过多的钱财，于是，他选择以槐叶代替茶叶。他让仆人每天从衙门后面的槐树上采摘几片叶子回来，一年下来，那棵槐树几乎被他采得光秃秃的。

于成龙的这种身体力行的行为，使得原本爱好奢侈的江南民俗发生了巨大的改变。人们开始摒弃华丽的绸缎，以穿布衣为

荣。一些平日里鱼肉百姓的地方官,因为知道于成龙喜欢微服私访,每当遇到白发伟躯者,便会胆战心惊,以为是于成龙,不得不收敛自己的行为。

然而,好景不长,康熙二十三年,于成龙因病去世。当时他还在担任两江总督的职务,当僚吏来到他的居室,看到这位总督大臣的遗物少得可怜,而且都不值钱。床头上放着一个旧箱子,里面只有一袭官袍和一双靴子,大家都忍不住唏嘘流涕。

于成龙去世的消息传出后,江宁城中的百姓纷纷罢市聚哭,家家户户绘制他的画像进行祭奠。出殡的那一天,江宁的数万名百姓步行二十里,哭声震天,甚至掩盖了江涛的声音。

那一年,康熙帝巡视江南,沿途延访的官吏,无不对于成龙赞不绝口。康熙帝也感慨地对随行的人员说:"朕博采舆评,咸称于成龙实天下廉吏第一。"

俗话说"得人心者得天下",无论是做事还是成事,最重要的就是能够获得别人的帮助与支持。保持优良的品质无疑可以获得他人的好感与信赖,一个人最有效的谋略手段是不断提升自己的道德品质和自身实力,比起那些外在的表现形式,这样的谋略才更牢靠,更有效。

和珅是中国历史上有名的大贪官。据记载,和珅聪明能干,相貌俊秀,能察言观色,善见机行事,又长于讨好,因此他平步青云,甚得乾隆皇帝的宠爱,从一个御前侍卫一路飞升到领班军机大臣,可谓位极人臣。

然而和珅身居高位后,并没有以天下为己任,而是想方设法满足自己的私欲。他广罗党羽,排斥异己,不择手段聚敛财物。

乾隆帝晚年沉浸在自己的文治武功之中，享受着安逸的生活。他喜爱京剧，那迷人的声色让他沉醉；同时，他不遗余力地进行军事征战和大规模建设，频繁南巡，这些举措无疑耗费了巨额的财政资源。在这一时期，和珅利用乾隆帝的宠信，趁机为自己谋取私利。全国的贪污现象严重，官员们为了保住自己的地位，纷纷向和珅行贿；军队中的将领也参与其中，甚至克扣士兵的军饷来行贿；那些渴望升迁的士大夫们，也通过各种手段向和珅示好。和珅凭借皇帝的宠爱，得以自由进出皇宫，对于宫中的物品，他可以随意取用；各地进贡的宝物，最好的总是先送到和珅手中，次等的才进入皇宫。他的党羽、家人，甚至手下的差役，也趁机四处招摇，贪污受贿，形成了一个庞大的贪腐网络。

和珅的贪得无厌引起了很多人的嫉恨。嘉庆即位后的第一件事就是查办和珅，并列举了他的几大罪状，将他入狱收监。而和珅也在乾隆驾崩的半个月后，在狱中悬梁自尽。

和珅为官二十余年，擅权纳贿，贪赃枉法，生活奢侈，祸国殃民，但最终也害了自己。

和珅看似很有手段，但他的手段也仅仅只是手段，算不上谋略。

屈己者，能处众；好胜者，必遇敌

有的时候，退一步并不代表自己受委屈，而是为了实现更大的目标而做的选择。一个人若总是锋芒毕露，争强好胜，那么最终会栽在自己手中。屈己者，才能收获良好的人际关系，大家才会诚心诚意跟他结交；好胜者则处处都是敌人，并不是大家都想与他为敌，而是他自己将"别人"变成了"敌人"。

那些能够屈己的人，往往能够更好地与他人相处，融入集体。他们懂得放下自我，谦逊待人，不以自我为中心，而考虑到他人的感受和需求。这种能够委曲求全的态度，使得他们在群体中更容易被接受，能够和谐地与他人共事，建立稳定的人际关系。

相反，那些好胜的人，总是追求胜利，渴望在各种竞争中占据上风。他们的心中充满了竞争意识，总是想要证明自己比别人更优秀。这样的心态往往会使他们不断地遇到挑战者，因为在任何竞争的环境中，总会有人不愿意轻易让步，总会有人与他们形成对抗。因此，好胜者必然会频繁遭遇敌人、面对挑战和竞争，这可能会导致他们处于不断的冲突和斗争之中。

无论是成大事还是成小事，都离不开良好的人际关系，因为个人的力量始终有限，凭借有限的力量能获得的成就也是十分有限的。唯有与他人合作，将自己的力量与他人的力量结合，才能达到个人无法触及的目标。

廉颇与蔺相如便是一个很好的例子。

廉颇是战国时期赵国的名将，很能打仗，蔺相如则是同期的赵国外交官。

话说赵惠文王得到了楚国的和氏璧，非常喜爱。秦昭襄王得知此事后，想将和氏璧据为己有，于是给赵惠文王送去了一封书信，表示愿意用十五座城池换这块和氏璧。

赵惠文王看到书信后，一种不安顿时涌上心头。因为当时的秦国非常强大，而且在山东六国中没有信义，总是出尔反尔。赵惠文王怕自己交出了和氏璧，秦国的城池也不会给自己。但若是自己不答应，秦国就会出兵攻打自己，而此时的赵国显然不是秦国的对手。

随后，赵惠文王派蔺相如带着和氏璧前往秦国会见秦昭襄王。

会上，秦昭襄王在拿到和氏璧后，乐得合不拢嘴了，将这块宝贝传给左右看，一句也不提交换城池的事。蔺相如见和氏璧已经到了秦昭襄王手上，若是他不给城池，那么赵国将一无所获，白白损失了和氏璧。但若此时要秦昭襄王交还和氏璧，他断然不会答应。

蔺相如急中生智，对秦昭襄王说："和氏璧上有一块瑕疵，我来指给大王看。"

秦昭襄王也没有多想，将和氏璧给了蔺相如。蔺相如接过和氏璧后，立马变了脸色，身体靠在柱子上，义正词严地说："我们的大王为了满足您的要求，斋戒了五天。刚刚您拿到和氏璧后，欣赏完又给左右传看，我看您是没有给我们城池的诚意，所以我又收回了和氏璧。如果现在您要逼我，那么我的头将和和氏璧一起撞碎在柱子上。"

秦昭襄王见蔺相如如此态度，担心蔺相如真会撞碎玉璧。便召来主管的官员拿来地图，指明从某地到某地的十五座城邑交割给赵国。

蔺相如知道，秦昭襄王只是做个样子。于是，他让秦昭襄王也斋戒五天。秦昭襄王为了得到和氏璧，照做了。在这期间，蔺相如派人偷偷将和氏璧送回了赵国。

当秦昭襄王向蔺相如索要和氏璧的时候，蔺相如也不含糊，直接说已经将和氏璧送回了赵国。要和氏璧，可以，先交城，赵王自然会将和氏璧奉上。

最终，秦国没有割让城池给赵国，赵国也没有将和氏璧给秦国。蔺相如凭借自己的智慧保护了和氏璧，也没有得罪秦国。

之后，蔺相如又在渑池会盟中保全了赵惠文王的颜面，让秦国没有占到半点儿赵国的便宜。

这两件事后，蔺相如就深受赵惠文王的喜爱，被封为上卿。

赵惠文王喜欢蔺相如，另一个人却很不喜欢蔺相如，他就是赵国著名将领——廉颇。他觉得蔺相如不过是耍耍嘴皮子，便混得上卿之位，没有其他能力，更不会打仗。真要到了秦赵两国交战的时候，还得靠自己来保卫赵国。可如今蔺相如的身份地位却在自己之上，廉颇很不服气。

廉颇扬言："如果我遇到蔺相如，一定要羞辱他一番。"

这话传到蔺相如耳边后，蔺相如便故意绕着廉颇走。上朝的时候，蔺相如就推脱自己有病，不和廉颇争座位。

当蔺相如外出远远看到廉颇时，就叫人调转马头，绕着走。

廉颇见不到蔺相如，他很郁闷，也更生气了。

蔺相如的让步让身边的随从很生气，他们抱怨道："我们跟随您，就是因为看中了您高尚的节义。如今您和廉颇位置相当，廉颇又口出恶言，而您害怕他躲着他，这太过了吧。"

蔺相如这才说出了自己心中的真实想法："我的确是赵国的依靠，但廉颇将军也是赵国的顶梁柱。秦国之所以不敢对赵国用兵，正是因为有我二人的存在。若是我们相互争斗，那么就会两败俱伤，秦国就会肆无忌惮地欺负赵国。我蔺相如的退让不是因为害怕，而是不想让赵国陷入分裂。"

蔺相如的屈让，是因为他将个人利益放在了国家利益之后。

当廉颇听到蔺相如的心声后，顿感惭愧，于是脱下上衣，背着荆条，亲自来到蔺相如门前请罪。

自此之后，两人结成了朋友，共同为赵国的利益各尽其力。

蔺相如作为一个屈己者，知道自己的退让只是为了达成另一个目的，因此他为人谦和。从他面对秦王的时候就可以看出来，他并不胆小。而廉颇在未能与蔺相如达成和解之前，是一个好胜者，就连蔺相如身边的随从对他的评价都不高。这样的人，在职场与生活中的朋友很少，处处都潜藏着敌人，只是他一时位高权重，大家才敢怒不敢言。

到了廉颇晚年的时候，赵国的国君换了人，他因为失去了权势而去了魏国，但在魏国一直得不到重用。后来赵国在被秦国攻打的时候，又想起了这位久经沙场的老将，于是派人从魏国将他请回来。而廉颇的仇人郭开唯恐廉颇得势，便贿赂了使者，让赵国国君对他彻底失去了兴趣。

虽然晚年的廉颇一心想回到赵国，再为赵国效力，但再也没有得到机会。

想回到赵国却没人指引，这不得不说是廉颇一直以来争强好胜的苦果，恐怕他在赵国朝堂上下没有多少朋友吧。

小不忍，乱大谋

有的时候，忍并不是要我们委屈自己而讨好别人，而是因为如果我们不忍，则可能会带来更大的损失。子曰："小不忍，则乱大谋"，如果我们对什么事情都斤斤计较，那么我们就会离成功之道越来越远。

人生在世，总会遇到一些不顺的事情。无论对人对事，如果在小处不能忍耐，便会扰乱大计。中国古人说："一切法得成于忍。"在逆境时的忍，是要我们忍耐住寂寞，忍耐住清贫；在富贵时的忍，是要我们忍住内心的贪婪，忍住人性的狂妄。被人欺负时要忍，是忍住一时的怒气，退一步海阔天空。被人轻视了要忍，是忍住心中的愤恨，要相信金子到哪里都会发光的。

有的时候，一时的忍会给我们带来意想不到的收获。

张良是汉初三杰之一，原本是战国时期韩国的贵族，但在战国末期韩国衰微，张良家族也开始逐渐衰落，然而这并没有影响他骨子里的贵族气质。不过张良只有傲骨，却从不傲气，否则也不会有后来的成就。

张良年轻的时候，有一次优哉游哉地来到沂水圯桥头，看到一位粗布短袍的老者。老者看到张良后，走到了他的身边，故意将鞋子掉落于桥下，并对张良说："小子，去把我的鞋子捡上来。"

张良愣住，但强忍着心中的不满，来到桥下将老者的鞋子捡了上来。

可谁知，老者变本加厉，接着向张良提出了更过分的请求，让他帮自己穿鞋子。

此时的张良已经怒火中烧，但还是照着老者的要求做了。

老者站起身后，非但没有一句"谢谢"，反而仰天大笑而去，独留张良一人在桥上于风中凌乱。

没多久，老者又走了回来，与张良相约五天后在这里见面。张良想将眼前的老者骂一顿，但还是镇定了下来，答应了老者的请求。

五天后，张良如约来到了桥头，只见老者已经等在那里了。老者埋怨张良与人相约，为何要迟到。张良哑巴吃黄连，有苦说不出。

随后，老者让张良五天后再来。五天后，张良赶到的时候，

又发现老者已经到了，老者又让他五天后再来。

第三次，张良索性半夜就来到桥头等老者。老者到来时，被张良的真诚所打动，于是交给他一本书，让他回去好好读，日后必有大用。

张良拿过书后，甚为惊喜，这本书是《太公兵法》。自此之后，张良没日没夜研读兵书，最终成了一个智慧过人、多谋善断的智者。

这个故事里，张良忍了老者好几次。粗略统计一下，第一次是让他下去捡鞋子；第二次是让他帮忙穿鞋子；第三次是老者大笑而去；第四次是让他五天后来桥头；第五次是让他五天后再来桥头；第六次与第五次一样。

如果张良在其中任何一次忍无可忍，对老者发脾气的话，那么他就得不到老者倾囊相授的兵书，也不会有日后的成就。

由此可见，平时养成谦恭礼貌的习惯，在遇到让自己不爽的事情时能够忍一忍，那么日后也许能成大器。张良便是一个很好的例子。

成大事者，首先就要学会忍，唯有忍住一时的不满与愤怒，才能在今后的道路上越走越远。

同为汉初三杰的韩信是一位军事奇才，可以说，汉朝的半壁江山都是韩信打下来的。

然而，若是韩信在早年没有忍住那一时的屈辱，那么也就不会有后来的巅峰。

早年的韩信虽然是王孙贵族，但家道早已中落，过得非常贫苦，甚至没有办法养活自己，于是只好去别人家蹭吃蹭喝，时间久了，大家对他的评价也很差。

别看韩信贫苦，但他能耐得住清贫，忍受周围人异样的眼光，正因为他有一颗雄心壮志。

韩信的家乡有一个恶棍屠户，看韩信非常不爽，有一次找到了机会就羞辱他，说："你虽然长得高大，喜欢佩戴刀剑，但你其实是个胆小鬼。"

韩信默不作声，但屠户的更大的羞辱接踵而至，这一次，屠户给了他两个选择："你要是不怕死，就拿你的剑刺我；如果怕死，就从我的裤裆下面钻过去。"

俗话说"男儿膝下有黄金"，更何况是韩信这样的王孙贵族。

韩信仔细地打量了屠户一番，然后低下身子，从他裤裆下面钻了过去，这也就是"胯下之辱"。

周围人都在笑话韩信，认为他真的是一个贪生怕死之徒。

然而，韩信真的怕死吗？

非也。

日后韩信被刘邦拜为大将军，有一次在井陉口与赵军对峙，面对强大的赵军，韩信在距井陉口三十余里的地方安营扎寨，并故意让士兵背靠着河水，就连赵王都笑话他犯了兵家大忌，因为军队若是背靠着河水，则是死路一条，没有任何退路。

韩信通过将自己与军队置于死地的办法，激发起了士兵的斗志与士气，最终击败了赵军。这就是成语"背水一战"的由来。

由此可见，韩信并不怕死，那么他早年为何选择受胯下之辱呢？

若是当时他凭借意气用事刺了屠户，那么屠户就会将他杀死。如果韩信在年轻的时候死去，连以后干大事的生命都没了，那么一时的愤怒又有什么意义呢？

古人常说，退一步海阔天空。谋大事者，要忍得住一时的屈辱与嘲笑，否则极有可能会因为一时的意气用事而断送了自己美好前程。

在我们的身边，因为一时愤怒而失手伤人的难道没有吗？因为一言不合而大打出手，最后将自己送进看守所的例子难道还不够多吗？

这样的人，又怎会有谋略呢？

张良与韩信都是秦末时期的人才，也都在刘邦帐下发挥了才能。

实际上，刘邦与项羽这两个对手也是千差万别。他们两人的称雄争霸、建功立业，其实就是在"忍"上见出高下、决出雌雄的。这是一种"忍"功的较量，谁能够"忍"，谁就得天下，称雄于世；谁若是刚愎自用，小肚鸡肠，谁就失去天下，一败涂地。

宋代著名大文学家苏东坡在评论楚汉之争时曾说："汉高祖刘邦之所以能胜，楚霸王项羽之所以失败，关键在于是否能忍。项羽不能忍，白白浪费了自己百战百胜的勇猛；刘邦能忍，养精蓄锐、等待时机，直攻项羽薄弱之处，最后夺取胜利。"刘邦可以成大业是他懂得忍下人之言，忍个人享乐，忍一时失败，忍个人意气；而项羽气大，什么都难以容忍，不懂得"小不忍则乱大谋"的道理。大业未成身先死，可悲可叹！

楚汉战争之前，高阳人郦食其拜见刘邦，献计献策，一进门看见刘邦坐在床边洗脚,便不高兴地说:"假如你要消灭无道暴君,就不应该坐着接见长者。"刘邦听了斥责后,不但没有勃然大怒,而是赶快起身,整装致歉,请郦食其坐上座,虚心求教,并按郦食其的意见去攻打陈留,将秦积聚的粮食弄到手。

刘邦围困宛城时,被困在城里的陈恢溜出来见刘邦,告诉他:与其围城与攻城,不如对城内的官吏劝降封官,这样就可以化敌为友、放心西进,先入咸阳为王。刘邦采纳了他的意见,使宛城不攻自破。

与刘邦容忍的态度相反,项羽则刚愎自用、自以为是。

一位有识之士建议项羽在关中建都以成霸业,项羽不听,那人出来发牢骚道:"人们说'楚人是沐猴而冠',果然!"结果项羽知道后大怒,立即将那人杀掉。楚军进攻咸阳时到了新安,只因投降的秦军有些议论,项羽就起杀心,一夜之间把二十多万秦兵全部活埋,从此残暴之名闻天下。他怨恨田荣,因此不封他,而立齐相田都为王,致使田荣反叛。他甚至因产生疑心连身边最忠实的范增也不用,结果错过了鸿门宴杀刘邦的机会,还上了陈平反间计的当,气走范增,成了一个孤家寡人。最后走投无路之际,在乌江自刎。

那么,你是要学习刘邦,还是要学习项羽呢?

或者说,你想成为刘邦,还是想成为项羽?

能屈能伸，方显自强；
志在四海，有伸有屈

> 常言道：识时务者为俊杰。所谓俊杰，并非专指那些纵横驰骋如入无人之境、冲锋陷阵无坚不摧的英雄，也应当包括那些看准时局，能屈能伸的处世自强者。

曾经有过这么一个故事：一个孩子的平静生活被一场突如其来的悲剧打破——他不幸落入了人贩子的魔掌。起初，孩子的本能驱使他拼命反抗，试图挣脱这个恐怖的命运。然而，在紧张与恐惧的交织中，他忽然回想起父母平日里的教诲，那些关于保持冷静，以及用头脑解决问题的忠告，在他心中回响。

孩子意识到，以他的力量，与人贩子正面对抗无异于以卵击石。于是，他决定改变策略，采取了一种更为巧妙的方式。他开始假装成一个只知道吃喝玩乐、对世界一无所知的孩子，对人贩子的各种命令言听计从，甚至主动与人贩子交谈，表现出一副亲近的样子。这一切，都是为了降低人贩子对他的警惕，等待逃离的机会。

慢慢地，人贩子对这个孩子的监视逐渐放松。他们没有意识到，这个看似天真无邪的孩子，实际上正密谋着逃脱的计划。终于，机会来了。在一次转卖途中，当人贩子带着孩子经过一个城镇的交通岗亭时，孩子看准时机，趁人贩子分心的一瞬间，冲向了交通警察。在这一刻，他的勇气和智慧得到了最好的证明。

孩子的举动震惊了周围的人，他的机智和勇敢也立刻赢得了大家的同情和支持。交通警察迅速采取行动，保护了这个孩子，并帮助他联系上了焦急万分的父母。更让人欣慰的是，孩子还提供了关键信息，协助公安机关追踪并最终抓获了那些可恶的人贩子。

在现实生活中，勇于面对困难和挑战，敢于直面以硬碰硬的情况，确实是一种勇敢的行为，值得我们赞赏。然而我们必须清楚，有些时候，力量的对比是悬殊的，就像我们的胳膊无法与大腿相比，如果我们硬是要拿着脆弱的鸡蛋去与坚硬的石头对抗，那么，这只能被看作是一种无谓的牺牲，没有任何实际的意义。

聪明的人不会和敌人硬碰硬，得不偿失。

在电视剧《新三国演义》中，诸葛亮在攻取零陵的时候，太守刘度一时惊慌失措。恰在此时，太守的儿子刘贤叫出了上将邢道荣，出城与诸葛亮对阵。

邢道荣对着诸葛亮就是一顿嘲讽，然而诸葛亮却不以为意。随即，诸葛亮退到了士兵后面，张飞与赵云等大将与邢道荣交手。

你们可曾见过诸葛亮亲自拿着刀剑上战场？虽然邢道荣战斗力很低，但诸葛亮若是真跟他打起来，谁胜谁负还真不好说呢，毕竟诸葛亮是谋士，手无缚鸡之力。

诸葛亮显然知道"术业有专攻",他的专长是行兵布阵,指挥士兵作战。

再者,这场夺取零陵的战役,张飞原本可以一回合就杀死邢道荣,但他没有。不是因为他不想,而是诸葛亮有令,这是诸葛亮诸多谋略中的一计,让张飞诈败以助长邢道荣的自以为是,他要利用活着的邢道荣帮自己更顺利地攻下零陵城。

两军对阵,硬碰硬可以吗?

当然可以!

但是损失会很重。

相信看这本书的你很聪明,很容易就明白其中的道理。

在清朝的历史中,康熙皇帝无疑是一位杰出的君主。他的继位之路并不平坦,因为登基时年纪尚轻,给他的统治带来了不少挑战。他的周围危机四伏,朝中的托孤权臣鳌拜便是其中之一,他不仅掌握了朝政大权,甚至还觊觎着皇位。

康熙皇帝虽然年轻,其智慧和洞察力却不容小觑。他对鳌拜的野心了如指掌,他也深知自己的地位尚未稳固,时机尚未成熟,因此选择了隐忍。他并没有急于展现自己的英明神武,而是选择了暂时退居幕后,将日常的政务交给他人处理,自己则沉迷于与一群少年的游戏之中。

这样的行为,表面上看似不问政事,实则是康熙皇帝深思熟虑的策略。他知道,如果过早地暴露自己的心智和能力,可能会引起鳌拜的强烈反弹,甚至危及自己的皇位。因此,他选择了隐藏自己的锋芒,等待时机的到来。

康熙皇帝还利用鳌拜的骄傲自大,故意让鳌拜觉得自己的地位无人能及。这样一来，鳌拜越发放松了警惕，不再把年轻的康熙皇帝放在眼里。这正是康熙皇帝所需要的，他趁机加强了自己的势力，暗中培养了一批年轻人，而鳌拜只以为皇帝沉迷于玩乐。

最后，在时机成熟时，康熙皇帝果断出击。他通过一系列精心设计的行动，将鳌拜的势力一网打尽。在这场斗争中，康熙皇帝展现出了坚定的决心和高超的政治智慧。最终，鳌拜被捕，老死于囚牢之中。

康熙贵为皇帝，为了寻找更好的机会，也知道大丈夫能屈能伸的道理，在该忍让的时候忍让。

若是康熙皇帝一开始就和鳌拜硬碰硬，结局可能就是诸葛亮找吕布单挑——不识好歹。

第四章
欲擒故纵，人要学会耐下性子

无须完美，缺陷才让人更放心

> 完美是一种追求，但有些时候却未必是一种"好"的追求。如果人可以独自生活，那么追求完美，不断提升自己未尝不可。但人每天都要和别人打交道，人是被嵌入到一张张关系网中的存在，有的时候追求完美反而会惹人注目，会让别人对自己提高戒备心，得不偿失。因为你的"完美"衬托出了别人的缺陷，对于身居高位者，最忌惮的就是下面的人有一种完美主义倾向。

首先我们要明白，这个世界上的任何人和事都不完美，"完美"在客观世界中并不存在，而在主观世界中，我们也要三思。缺陷有的时候也是一种美，更多时候是让别人放心。

请试着想一想，如果你是古代的帝王，有一位臣子以高标准要求自己，力图追求完美，你会喜欢他吗？你会提拔他吗？

不会，他的完美不会让你欣赏，反而会引起你的猜忌，就算他什么都不做，你也会对他放心不下。

追求完美者，大部分都很优秀，他们对自我的要求很高，有道德有修养，且还在不断精进中。

人性是趋利避害的，大部分人羡慕远方的优秀者，却对身边的优秀者充满了嫉恨。这并不是因为两种优秀有所不同，而是身边人的优秀触手可及，伤害到了自尊，反衬出周围人的缺陷。对于居高位者来说，完美的手下是对自己最大的威胁，如果这人还受人尊敬，那就更是威胁了。反倒是那些缺陷多多，贪财好色之辈，却让君主很放心。

谋大事者，一定要小心谨慎，有些选择要在心中权衡再三，无害人之心，但也不可无防人之心。

王翦是战国四大名将之一，为秦始皇嬴政统一中国立下了汗马功劳。

王翦善于用兵，智勇双全，以老谋深算著称。他不仅在战场上表现出色，还善于运用策略，曾在攻打赵国时采用反间计除掉赵国名将李牧，顺利攻下赵国都城邯郸。

王翦的一生都建立在军功之上，参与了秦灭六国期间的多场重要战役，比如阏与大捷、智破赵国、攻占燕都、王贲淹魏等，这些战役对秦国最终统一六国起到了决定性作用。

看完上面这段，相信很多人会给王翦竖起大拇指，他简直就是一员神将，一员几乎完美的神将。

有一次，秦国进攻楚国，嬴政问王翦，若是进攻楚国，需要多少兵马，王翦心中计算了一下，说要六十万。

嬴政转而又问另一名秦将李信，李信说只要二十万。

最后，秦始皇选择了"性价比"较高的李信，结果李信大败亏输。嬴政这才想起了王翦，硬是凑齐六十万人马交给王翦，让他出兵灭楚。

王翦带着六十万大军浩浩荡荡地出发了，可他的一只眼睛总是盯着秦都咸阳，不断派使者送信回去，难道上面写的是自己如何灭楚的谋略以及对自家君主的思念吗？

并不是，他的要求相当奇怪——缠着秦始皇要房子要地。明明肩负国家重任，心思竟然全在讨价还价上。此情此景，完全不像国家政要商议国家大事，却像是小商小贩漫天要价，坐地还钱。

大军都已经开拔了，即将出关进入敌境，王翦还是接二连三派使者去咸阳，继续讨价还价。

旁边有人看不过去了，提醒王翦说："将军您是不是有点儿过分了？"

是啊，君主将这么重要的一项任务交给你，你倒好，不想着如何完成君主的委托，却总想着自己的一亩三分地，总想着房子和票子。

一般人看到这，都会怀疑，这还是那个名将王翦吗？王翦什么时候变得这么贪财了？一个名将对自己没点儿要求的吗？

面对身边人的质疑，王翦给出了一个极其经典的回答："咱们秦王是个多疑的领导，如今他把全国的武装力量尽数托付给我，我如果不去向他要房要地，他可就该怀疑我了。"

我们站在平民角度来看历史，天然最恨封建王朝的贪官污吏，但如果设身处地站在帝王立场的话，那么手下人贪也好，污也罢，不但无所谓，甚至有必要。会被帝王忌惮的特质只有一项，那就是雄心壮志。

王翦努力表现自己贪财的一面，为的就是在嬴政心里打造出自己的平庸人设——自己只是一个标准意义上的技术型官僚，虽然掌握着精湛的作战技术，但也只是吃一口技术饭而已，眼界小，格局低，是个没出息、贪财顾家的人。

王翦派使者不断催促嬴政别忘了自己的房子和票子，正是他的谋略，是他的大智慧。

正是因为这样的大智慧，王翦才可以在嬴政的面前全身而退，一方面让嬴政觉得可以靠简简单单的钱财拴牢王翦，不怕他有逆反之心；一方面让嬴政认为他忠心耿耿，醉心带兵打仗——既忠心，又好控制，实属提拔的最佳人选。

无独有偶，西汉的开国名臣萧何也是有这种大谋略的人。

当年刘邦亲自率军出去作战，将大本营交给了萧何管理。出征前夕，刘邦想看看萧何究竟在干什么，有没有玩忽职守。谁料，刘邦发现，萧何每天跑"房管所"。去干吗呢？是去管理国家的土地吗？

并不是，他只是去买地。

与此同时，萧何还通过各种手段获取利益，这一切都被刘邦看在眼里。于是刘邦对萧何放下心来，认为他是一个没出息的技术工。

萧何贪财自污，换来了世代富贵。他刻意自污，就是为了表明自己没有更大的欲望，用名节换取信任，同时也是一种向外释放的信号：我这人最大的缺点就是贪财。

若是萧何极力表现出自己的优点，看上去就像是一个没有缺陷的人，试着想一想，刘邦会怎么看他呢？

这样一个人，朕不放心呐！

等待萧何的，很可能就是大砍刀。

需要注意的是，这里所说的并不是让各位去贪财，去贪污挪用公司的公款。毕竟时代已经不同了，现代人会比古人多一点儿自由与选择的权利。与人相处，尤其是在一张复杂的关系网中，如果处处都表现得完美，很可能会引起领导的猜忌与防备之心，这对自己是很不利的。

一些无伤大雅的小毛病或缺陷，不妨就大胆表现出来吧，这不仅会让人觉得你也就是一个有缺陷的普通人，还会让他们对你少一点儿戒备之心。

诱敌深入，放长线钓大鱼

> 渔夫要想钓到大鱼，就得把鱼线放得足够长，自己跟在后边，等到确定完全可以钓得上来时再收回线。

人性大都急躁，在看到一点儿蝇头小利的时候就拼命挤上前去摘取，而真正厉害的人，都懂得"延迟满足"的道理。真正有谋略的人，是懂得如何诱敌深入，让对手一步一步进入自己精心布置的那张网中，而后收获更丰厚的战果。

在古代，尤其是两军对阵的时候，如果一方看到对手就迫不及待想要一决生死，往往是非常危险的。就算最后侥幸获得了胜利，也是"伤敌一千自损八百"的愚夫之为。

《孙子兵法》曰："主不可以怒而兴师，将不可以愠而致战。合于利而动，不合于利而上。"

怒而兴师的人，不懂得放长线钓大鱼的道理，反而会成为敌人的大鱼；愠而致战的人，也不会诱敌深入，反而会成为对手诱惑的目标。

孙膑与庞涓皆师从鬼谷子。出山之后，庞涓前往魏国谋职，混到了一官半职。当时，他内心非常忌惮师兄弟孙膑，认为他的存在对自己来讲是一个威胁，于是将他叫到了魏国，胡乱安了一

个罪名，将他处以刖刑和黥刑。前者是剜去双腿的膝盖骨，后者是在脸上刺字。

孙膑遭受了极大的耻辱，从此双腿尽废，无法站立。

幸好天不亡孙膑，有一次，齐国使者发现了他，将他带到了齐国。孙膑来到齐国后，被田忌相中，自此成了他的军师。

随后，孙膑采用"声东击西""围魏救赵"等策略击败了庞涓领导的魏军，这是两人的第一次交手。

公元前342年，魏国进攻韩国，韩国向齐国求救，孙膑再次采用"围魏救赵"的战术，率军袭击魏国首都大梁，庞涓得知此消息后，急忙撤军回援。

孙膑知道魏军强盛，而齐军战斗力不高，一直就有怯战的心理。于是，他采用诱敌深入的战术，准备放一条长线，将庞涓这条"大鱼"钓出来。

孙膑命令进入魏地的齐军减少做饭的灶，第一天减为十万个，第二天减为五万个，第三天减为三万个。

其实，这是故意做给庞涓看的。当庞涓进入齐军遗弃的营地后，惊喜地发现了这一点。

庞涓会怎么想呢？他会认为是齐军正在减肥吗？还是说齐军的胃口变小了？

庞涓发现后大笑，说："我就知道齐军懦弱，你看，才刚进入魏地，齐军就跑了一大半。"

庞涓兴奋不已，因为在他看来，前方的齐军必定脆弱不堪，一击即溃。庞涓决定要送葬齐军于千里之外。

庞涓嫌弃步兵走得太慢了，于是他丢下步兵，带着骑兵追击。

这一切，早已在孙膑的预料之中，孙膑料想庞涓约莫在天黑时分能够追到马陵，而马陵这地方，道路狭窄，是一个埋伏的绝佳地点。

最终，庞涓进入了孙膑的埋伏圈，大败亏输，不得不自杀。

自此之后，魏弱齐强，魏国国力逐渐走上了下坡路。

相比于孙膑，庞涓并不是一个冷静的将领。在看到一些线索后，并没有深入思考，加上自己狂妄自大的性格，导致最终被敌人诱到马陵，身死覆灭。

凡谋大事者，最先要学会的就是遇事冷静。只有冷静下来，才能看到寻常人看不到的线索，才能看懂当下的局势，不至于上当受骗。

反观孙膑，遭遇了庞涓的羞辱，即使双腿都无法站立，也没有因为这些遭遇而失去冷静。尤其是在与庞涓率领的魏军即将相遇的时候，他并没有被过去的仇恨冲昏头脑，不顾一切地率领齐军与魏军决一死战。而是能够看清当下的局势，分析、对比敌我双方的优劣形势，从而以最小的代价换来了最后的胜利。

虞、虢本是春秋时期的两个小国，周围有一个庞然大物——晋国。晋国想灭掉虢国，但要达成此目的，就要先借道虞国。

虞、虢两个小国此前一直相依为命，互帮互助，原本晋国的借道之请是断然不可能的。

结果晋国给虞国国君送上了金银财宝，还有良马和美玉，希望到时晋国进攻虢国的时候，虞国能借条道。虞国国君看到宝物后非常喜欢，并且认为以后如果与晋国建立好关系，虞国也就安全了，别人就不会来欺负自己了。因此，他果断放弃了同是小国

的虢国，同意了晋国的请求。

然而，虞国有一位智者宫之奇，一眼就看穿了晋国包藏的祸心，劝国君不要轻信晋国。

随后，晋国浩浩荡荡地借道虞国，只用了几个月的工夫，就轻而易举地消灭了虢国。

晋军得胜回国途中，又以部队需要休整为借口，在虞国驻扎下来。虞国国君仍然毫无戒备，满口答应。不久，晋军发动突然袭击，把虞军打得措手不及，很快就消灭了虞国，虞国国君也当了俘虏，当初献给他的良马、美玉又如数回到晋国国君手中。时人调侃："美玉依然璀璨夺目，只可惜良马的牙齿长长了。"

后来，晋国国君将女儿嫁到秦国时，又将虞国国君作为陪嫁的奴仆送到了秦国。

可怜一代国君，最终却被当成了陪嫁的奴仆，怪就只怪他看不到那些良马与美玉只是晋国的一条长线，自己反倒一口咬了上去，不仅葬送了昔日相依为命的虢国，也将自己的国家送给了晋国。

《孙子兵法》对为将者给出了一个五维指标，即"智、信、仁、勇、严"，其中"智"排在了第一个，也是谋略者最重要的一个指标。

所谓"智者"，并非那些能够呼风唤雨之神人，而是一个普通人加上那么一点点的智慧。有了智慧，才能考虑周全，才能不被自己情绪牵着鼻子走，才能放得了长线，钓得着大鱼。

因此，不要觉得智者距离我们遥不可及，你我皆是智者，皆是黑马，只要遇事的时候需要冷静下来，脑海中自然就会有清晰的思路。

示弱只为了麻痹对手

《孙子兵法》开篇就说:"兵者,诡道也。故能而示之不能,用而示之不用,近而示之远,远而示之近。"

其中的主要意思是说,能的要表现出不能,明明已经准备好进攻,却要伪装成没有进攻的意图。近的就要表现出远,远的则要表现出近。

面对对手的时候,如果做不到一击定胜负,或者碰到自身实力并不比对方高出多少的情况,就要懂得"示弱"。示弱并不是委曲求全,并不是代表我们真的就比对方弱,而是一种权宜之计,一种为了麻痹对手而做出来的战略选择。

很多时候,我们会认为强者总是强于弱者,但两千多年前老子就在《道德经》中说:"天下莫柔弱于水,而攻坚强者莫之能胜,以其无以易之。弱之胜强,柔之胜刚,天下莫不知,莫能行。"

有的时候,柔能胜刚,弱能胜强,更何况我们并非真的弱,而只是"示弱"呢?

有一次,有人问老子,为何他的舌头还存在而牙齿却已经不在了。老子回答说,这是因为舌头柔软,而牙齿坚硬。

三国时期,魏国国主曹叡临终前留下了两位辅政大臣,司马

懿和曹爽。曹爽为了独揽大权，处处排挤司马懿，将司马懿视为眼中钉肉中刺。

一开始，曹爽还不敢太过放肆，但在手下人的帮助下，将郭太后迁到了永宁宫，自此开始了自己的专政之路。此时的司马懿已然被架空，很多政事都无法参与。思来想去之后，司马懿决定称病回家，以躲避曹爽。

司马懿称病回家并不是因害怕曹爽而主动退出竞争，而是韬光养晦，等待时机。

有一次，曹爽的党羽李胜出任荆州刺史，临行前去了司马懿家中，向躺在病床上奄奄一息的司马懿告辞。

实际上，李胜这一次并不是考虑到同僚之情，带着大量补品来慰问司马懿，而是来试探他，看他是真病还是装病，是否不久于世。

司马懿让两个丫鬟搀扶着出来接见，丫鬟给他披上衣服，司马懿的手一抖，衣服掉在了地上，随后，司马懿吃力地指着自己的嘴巴，说："我渴，我渴。"

丫鬟端来了粥，司马懿却拿不动碗，就由丫鬟喂他喝，粥却从司马懿的嘴中流了下来，沾满了前胸，看上去狼狈不堪。

李胜在看到这些情景后，说："唉，大家都说你中风病复发，没想到你的身体如此糟糕啊！"

随后，李胜又告诉司马懿自己被任命为荆州刺史，马上就要出发了。

司马懿气喘吁吁地说："我年老多病，恐怕就要不久于世了。你要去并州担任刺史，但是并州那地方，靠近胡人的地盘，你要多加小心，加强戒备。唉，你走之后，我们恐怕再也见不到了，还望我死之后，你能多照顾照顾我的儿子啊。"

李胜一脸困惑，随后说："不是并州，是我的老家荆州，是荆州！"

司马懿眯起了眼睛，而后缓缓点点头，说道："哦，原来如此呀，你刚刚去了并州吗？"

李胜解释道："我说的是荆州！是荆州！"

司马懿这才装作勉强听懂李胜的话的样子。

李胜真的以为司马懿已经一只脚踏进了棺材，回去便向曹爽汇报了此事。

曹爽顿时大喜过望，对司马懿放松了警惕，认为这个行将就木的小老头儿不会对自己造成任何威胁。

有谁会相信，一个将"荆州"听成"并州"、躺在床上奄奄一息的老人会对生龙活虎的曹爽构成威胁呢？如果不是知道了后来的事，你敢相信曹爽栽在了司马懿手中吗？

很显然，在曹爽眼里，司马懿已是一个弱者，一只蝼蚁。

自此之后，曹爽觉得整个天下没有了对手，于是与手下们更加肆意妄为。

可司马懿的弱不是真弱，而是示弱，是他想要曹爽看到的弱。

正始十年（249年）曹爽带着小皇帝曹芳去高平陵祭奠先皇，司马懿觉得时机已到，便撕下了自己弱者的标签，从床上爬了起来，发动了"高平陵之变"——曹爽以及他的党羽被一网打尽，几乎覆灭。

最终，司马懿成了赢家，扫除政敌，为孙子司马炎建立晋朝奠定了基础。

你看，示弱有的时候就是这么神奇，它能麻痹对手的神经，让对手相信自己不可能造成威胁，从而留下韬光养晦、养精蓄锐的空间与时间。

古今中外成大事者，无一例外都懂得"示弱"的道理。

比如，朱元璋。

朱元璋是明朝的开国皇帝，但他早年是个沿街流浪化缘的和尚。元末农民起义之后，朱元璋入伍，投入了郭子兴军中，开始了自己的军旅生涯。

郭子兴去世后，朱元璋已到了左副元帅的地位，但他仍属于义军首领韩林儿麾下。后来，他听从了朱升"高筑墙，广积粮，缓称王"的策略，迅速且秘密地增强自己的实力，这三条战略成为朱元璋发展初期的指导思想。

在群雄逐鹿的年代，大家都想成为竞争中最强大的那一个，恨不得今天称王明天就称帝。然而朱元璋的策略却是一种"弱者"的做法：他将城墙修得高高的，钱粮备得足足的，一点儿都不着急称王。

为什么呢？

因为一旦他称王，别人就会把他视为下一个要除去的对象。"缓称王"不是不称王，而是不急着称王。这也是朱元璋对其他义军释放的示弱信号，大家都不会把他当成自己迫在眉睫的心腹大患。

再者，朱元璋主动与元朝建立关系，也是一种"示弱"。他向元朝表明，自己并不是元朝的最大竞争对手，这样就使得元朝的警备心松懈。

在这样的策略下，朱元璋暗地里积聚力量，等到大家醒悟过来的时候，发现他已经强大到自己无法匹敌的地步。

最终，朱元璋消灭了陈友谅和张士诚，并一举攻破了元朝都城，建立了明朝。

请试着想一想，如果朱元璋刚起事时嘴里就嚷嚷着要称王称霸，会怎么样呢？他会被群起而攻之。就算他本身实力很强大，也架不住敌人们的轮番攻击，很快就会被消灭。

请记住，示弱不是真正的弱，而是一种谋略。那些看起来强大的人，很多时候只是外强中干，并非真正的强大。那些看起来弱小的人，可能也并非真正的弱小，而是他向外界释放出来的虚假信号。

普通人见山是山，见水是水，但聪明人却能看到背后被隐藏起来的部分，山未必是山，水未必是水。

以退为进，方能游刃有余

　　常言道，做人不能太任性，做事不能太随性。好的生活需要努力，但不要太用力。

　　真正的强者，从来不是咄咄逼人、狂妄自大，他们解决问题的方式更不是简单的"硬碰硬"。

　　"以退为进，以柔克刚"才是人生的大智慧，许多事情"退"才能进步，"柔"才能解决，"进退有度，刚柔并济"才是迂回反转、游刃有余的处世之道。

　　"以退为进"即用表面上的退却和让步，作为进步或胜利的策略，以创造更好的机会和条件，来实现自己的目标。

　　"以柔克刚"则是以柔软、温和的方式化解刚强，体现了道家之精髓——万物相生相克。

　　刚劲的东西不一定要用更刚劲的东西征服，最柔软的事物才恰恰能攻击到它的弱点。

　　有时候，可怕的不是对手对我们步步紧逼，将我们逼到无路可走，而是对手突然之间就走了，不再紧逼了。若是这个时候，你大呼一口气，认为自己总算安全了，那你可就大错特错了，因为你不知道对手的退是不是另一个维度的进。

你若一时还不懂这里面的道理，没关系，那就让袁绍的儿子们来告诉你。

袁绍是曹操在早期遇到的最棘手的对手。官渡之战中，袁绍因为一系列的糊涂操作导致兵败，回去后很快就病死了。

袁绍死后，曹操准备一鼓作气吞并袁绍的地盘。但此时，郭嘉却站出来反对，认为此时若是步步紧逼，那么袁绍的儿子们就会联合起来一起抗曹，到时无疑是给自己增加难度，就算获胜了也会损兵折将。但若是放任他们不管，那么袁绍的儿子们就会自己窝里斗，到时曹操便可坐收渔翁之利。

曹操是何等的聪明，立马就明白了郭嘉的意思，于是班师回朝。

结果曹操到家里刚坐下，屁股还没坐热，袁尚和袁谭两个人就打起来了，袁谭竟然还向曹操搬救兵。

曹操见时机已到，便率军进攻袁尚的大本营。袁尚闻之，放下袁谭，立即回援。袁谭暂时得救，依附于曹操，但他很快反叛，进而又攻击袁尚。袁尚兵败，前去投靠另一个哥哥袁熙。袁谭吞并了袁尚的兵马，独自与曹操对峙，最终被曹操消灭。

你看，有的时候，如果把对方逼得太紧，对方就会联起手来对抗自己，得不偿失。这也是为什么一个组织、团队总要树立一个外敌的原因。树立一个外敌并不是真的要有一个外敌，而是借助外敌的压力而提升内部凝聚力。一旦外敌消失了，压力不在了，那么组织内部很可能就会陷入内斗。

袁氏兄弟的教训还没完。

袁熙和袁尚后来逃到了乌桓（少数民族），袁绍生前对乌桓

不错，所以乌桓见袁绍的两个儿子前来避难，给予了充分的照顾和保护。

但乌桓距离曹操较远，曹操便采纳了郭嘉的建议，追击两兄弟，一举破了乌桓，袁熙和袁尚继续逃亡，逃到了辽东公孙康那里。

手下劝曹操赶紧追击，争取一举灭了袁氏集团。然而曹操却笑而不语，说："不久之后，公孙康自会把他们的人头送来。"

曹操为何这么说，难道他和公孙康之间有什么秘密约定吗？

其实不然，曹操经历过这么多生死之战后，对人性几乎了如指掌。他知道，如果此时追击袁熙和袁尚，那么公孙康也会感觉到威胁，会极力保护两兄弟，并不惜一切与曹操作战。就算公孙康惧怕曹操，犹豫不决，两军也免不了交战，会有损失与死伤。

但若是此时不追，那么袁氏兄弟很可能会和公孙康产生间隙，陷入窝里斗的局面。到那时曹操再上前，不费一兵一卒便可取渔翁之利。

果然，在曹操停下步伐后，袁氏兄弟在公孙康那起了歹心，想要杀了公孙康将他的地盘夺下。公孙康也在曹操所代表的朝廷与袁氏兄弟之间做了一个取舍，选择了朝廷。

最终，公孙康设宴杀了袁氏兄弟，将二人的头颅送到了曹操处。

无论是前面对付袁谭和袁尚，还是后面对付袁熙和袁谭，曹操方面都采取了以退为进的策略，最终以最小的代价换取了最大的成功，不仅一举消灭了袁氏集团，还没有得罪公孙康，让公孙康重新投向了朝廷。

谋大事者,知道什么时候该进,什么时候该退。在进的时候,一往直前;在退的时候,也绝不依依不舍、犹豫不决。如此,才能在与对手交战的时候游刃有余,胸有成竹。

讨袁之战中,曹操率军经过碣石山,一时兴起,创作了千古名篇《观沧海》,其中最后两句写道:"幸甚至哉,歌以咏志。"

试问,当你略展谋略,便让对手接二连三地覆灭之时,又岂能无动于衷呢?难道你不也是"幸甚至哉"吗?

以退为进,方能幸甚至哉。

若是曹操两次都执意向前,会怎样呢?

可能就会是"延颈长叹息,远行多所怀"吧。

有的时候,装傻也是一种以退为进。当面对别人的猜忌时,我们不妨做做样子,退让一步,可能就会化险为夷。

隋炀帝是中国历史上有名的暴君,他的统治手段异常严苛,暴政使得全国各地的农民纷纷揭竿而起,反抗的浪潮如同狂风暴雨般席卷而来。在这样的背景下,隋朝内部的官员也开始动摇,不少人背离了朝廷,投向了农民起义军的怀抱。这种局势使得隋炀帝变得极度多疑,特别是对外藩的重臣,他更是疑心重重,时刻提防着他们可能的背叛。

在这个时期,唐国公李渊因其卓越的才能和深厚的人脉,曾多次被任命为中央和地方的要职。无论走到哪里,他都致力于与当地的英雄豪杰建立深厚的友谊,广泛地施恩布德,因此赢得了极高的声望,吸引了众多人士前来投靠。然而,这也使得许多人开始担忧,担心李渊会因为声望过高而遭到隋炀帝的猜忌。

有一次，隋炀帝突然下诏，命令李渊前往行宫朝见他。然而，李渊因为患病未能如期前往，这让隋炀帝十分不悦，心中的猜疑更加深重。当时，隋炀帝的妃子王氏是李渊的外甥女，她了解到李渊未能前来朝见的原因后，向隋炀帝解释是疾病所致。隋炀帝却冷不丁地问了一句："会死吗？"这句话无疑透露出了他对李渊的深深忧虑，巴不得他立即死了。

王氏将这一消息传递给了李渊。李渊意识到形势的严峻，他知道自己迟早会成为隋炀帝的眼中钉。但同时也明白，如果过早行动，自己的力量还不足以成功。于是，他决定暂时隐忍，等待时机。为了降低隋炀帝的警惕，他故意开始广纳贿赂，败坏自己的名声，整日沉溺于享乐之中，大肆挥霍，仿佛已经忘记了自己的抱负。

隋炀帝听闻这些，果然对李渊放松了警惕。正是这种隐忍和智慧，为后来的太原起兵和大唐帝国的建立奠定了基础。如果李渊当初没有选择自毁声誉、低调行事，而是一时冲动，与隋炀帝理论或者贸然起兵，很可能会因为准备不足、时机未成熟而导致失败。历史的长河中，李渊的智慧和耐心，最终成就了一段辉煌的历史篇章。

把握时机，一招制胜

《吕氏春秋》有云："凡遇，合也；时不合，必待合而后行。"

意思是说，凡是机遇，一定是源于恰当的时机。如果时机不合适，一定要等待合适的时机，然后再去行动。

因此，聪明人不会见到出手的机会就出手，而是等待合适的时机才出手。这也是很多武林大侠所言："剑不轻易出鞘，一出鞘，必见血。"

世间风云变幻，尤其是在战场，上一秒和下一秒的形势可能就会发生变化。善谋大局者，往往能看到其中细微的变化，把握住绝妙的时机，一招制胜。而寻常人只能看着表面一成不变的局势，对细微的变化没有半点敏感度，眼睁睁地看着机会从自己跟前溜走。甚至，当机会溜走之后还浑然不觉。

聪明人会布局，也善于破局。在局破之后又能重新布局，或转化资源，借助于外界，或重新审视局面，计算优劣对比，抓住寻常人所看不到的点，从而扭转形势。

曹操在官渡之战之前就相继剪除了多个北方势力，其中一

个就是张绣。

张绣原本已经投降了曹操，可曹操没有管住自己的人性，导致张绣再次反叛。仓皇之中，曹操被张绣杀得丢盔弃甲，大将典韦、侄子曹安民和儿子曹昂为了掩护曹操撤退而阵亡。

之后，曹操率军进攻张绣，将张绣围了个水泄不通。但因为后方出了点儿小问题，只得撤军。

见曹操退兵，张绣十分高兴，决定追击曹操。谁料，谋士贾诩却反对，认为曹操撤军必定是做了万全的准备，张绣就算追击也不会捞到多少便宜。

然而张绣却不听贾诩之言，率军出击，结果被曹操打了个落花流水。

张绣在战场上捡回了一条命，狼狈不堪地回来了。此时，贾诩发现了局势细微的变化，急忙建议张绣再次出击。

贾诩这反常的行为，让很多人都摸不着头脑，尤其是张绣。当初张绣要出军，贾诩却反对，一切都如他所想，追击失败。可现在贾诩却主动提出进攻的建议，这葫芦里究竟卖的什么药？

张绣虽不知贾诩所想，但还是按照他的意见，出兵追击曹操，竟将曹操后卫部队击溃。

各位读者，你是否也像张绣一样摸不着头脑呢？这一切都是怎么发生的？难道贾诩会妖法不成？

贾诩所擅长的谋略，可比妖法厉害多了。

张绣回来后便问贾诩，贾诩不紧不慢地解释道："这个道理很容易就能明白。你虽然善于用兵，但不是曹操的对手。曹操也是身经百战，在撤退的时候肯定能想到对手会追击，因此派了精锐亲自殿后，因此将军你第一次追击没有讨到便宜。曹操在没有战败的情况下突然撤下了包围回去，说明他后方出了乱子，在击退了将军的追兵后，一定急着回去，因此会留别人断后。这时将军神武，再次追击，必能有所得。"

张绣听后，佩服得五体投地。

其实，贾诩厉害的一点在于他能够精准把握局势，在不该出手的时候绝不出手，但在该出手的时候也绝不放手。

他的谋，在于想他人所想，急他人所急，任谁都想不到，一个人在被击退后还会来追击第二次。

曹操想不到，你想不到，我也想不到，但贾诩想到了。

贾诩无疑是一个心思细腻的谋士，也只有平时细心观察，多修炼，才能在时机到来的时候识别出机会，绝不拖泥带水，一招制胜。

在商朝末年，商纣王荒淫无道，激起了很多部落的反感。西周的姬发虽然有心推翻商朝的暴政，但实力上与商朝相比仍有较大差距。

姜子牙便决定瓦解商朝力量，他亲自前往东部，策反东夷，为周国找到进攻的绝佳时机。

东夷部落的反叛，让商纣王头疼不已，于是他命大军前去征剿。

姜子牙眼看时机到来，便说服周武王立即对商朝采取行动，争取通过一次战役而定乾坤。此时也正是好时机，因为商军的主力都在东夷平叛，都城则十分空虚。

大约公元前1046年，姬发亲率战车三百乘，虎贲三千人，

以及步兵数万人，出兵东征。待周军抵达孟津，与多部族会合，联军总数达 4.5 万人。联军冒雨继续东进，至牧野，并于几日后拂晓发动攻击。

牧野之战中，周军以迅雷不及掩耳之势，深入王畿，击溃朝歌守军，一举攻陷商都，瓦解商政权。商纣王在战败后自焚，商朝灭亡。

当商朝的主力陷入东夷部落的泥潭中时，姜子牙能够迅速判断形势，出其不意攻战商都，是他谋略的体现。若是姬发与商纣王陷入持久的僵持战，那么西周是否能取代商朝便是一个未知数。因为商朝毕竟成为天下之主已经数百年，瘦死的骆驼比马大，无论是战备资源还是声望，都远在姬发之上。若是两军长期对峙，姬发的资源储备跟不上消耗的速度，就会被商朝大军拖入窘迫的地步。再加上东边的商军主力回援，到时姬发就会陷入两难的境地。

因此，抓住机会之后，要勇于做决断，要争取一招制胜，而不是来回拉锯。

善谋者，不会到处消耗无谓的资源。俗话说："钱要用在刀刃上"。

善谋者，知天意，知进退，精准把握时机，一招胜万招。

那些频繁出招的人，多半是花架子，刀耍得漂亮，却总是在挥砍空气，华而不实。

第五章
有圆有方，随圆就方

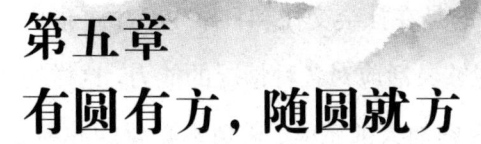

做一枚外圆内方的"铜钱"

> 外表随和，内心严正。外圆就是与外界的环境融洽协调，尽量减少矛盾，内方就是对自己理想和信念的坚持。方是做人之本，圆是处世之道。方是做事有自己的主张和原则，圆是做人做事讲究技巧。不超人前，也不落人之后。

如果你见过古代的铜钱，你就会发现它有一个非常显著的外形特点，即外圆内方。这种设计不仅仅是为了美观，更有着深远的哲理含义。圆形象征着天，方形则代表着地，天地结合，寓意着天圆地方，宇宙的无限循环与和谐统一。

如果我们细想一下就会发现，天看上去是广阔无垠，能容纳

万物。而地则是厚实的，坚硬的，任何物体碰到它都不会全身而退，轻则落在地上，重则粉身碎骨。

其实，这和我们做人做事的道理也是一样的。外圆代表着圆润、包容和无限，而内方则象征着稳定、坚定和秩序。

具体来说，"外圆"指的是在社会交往和日常生活中展现出的和蔼可亲、善于沟通和能够灵活应对各种情况的能力。这样的人在与人相处时，能够考虑到他人的感受，避免不必要的冲突，并且在处理问题时能够采取更加圆滑和策略性的方式。这样我们才能在保持良好人际关系的同时，维护自己的利益。

而"内方"则是指在个人的内心世界和价值观中，坚守原则和道德底线。这意味着即使在外界环境复杂多变，面对各种诱惑和压力时，一个人依然能够坚持自己的信念，不轻易妥协。内在的坚定使他们在关键时刻能够做出正确的选择，展现出勇气和责任感。

晚清名臣曾国藩被誉为"半个圣人"，然而他早年时却有点儿像个"愣头青"。曾国藩以高标准要求自己，同样也以这样的眼光看待别人，动不动就指责其他官员不作为。这样直来直往的个性让他在朝中人际关系很不好，甚至皇帝看到他都直摇头。

然而，在他为父亲守丧期间，他就像经历了一次脱胎换骨，从此变得"外圆内方"。

比如说他之前对待同僚，动不动就指责这个不忠，那个懦弱。这次出山之后，他变了。在重新回到官场之前，他在家待了四天。在这四天中，他给所有将来要打交道的官员写了信，从督抚大人到各地的将领。

待他重回官场，来到长沙的时候，拜会了上下所有官员，其中包括长沙县令。

曾国藩的转变，最典型的例子在于与户部书办打交道的时候。当时，曾国藩在平定太平天国后，要去户部报销三千万两白银。那时的官场有潜规则，报销时需要给户部书办八万两的"部费"（回扣）。

然而，天有不测风云，或者说人算不如天算。慈禧太后认为，现在天下刚刚平定，需要休养生息，因此这笔钱就不用报销了。

这也就是说，不用给户部书办交部费了。

你猜曾国藩是怎么做的？

他说，说好的八万两银子还是照给。

因为"阎王好见，小鬼难搪"，毕竟以后他还需要和户部打交道。八万两，可不是一个小数目。曾国藩一年的合法收入才一万八千两，这笔钱是他从自己的小金库掏出来的。

你看，曾国藩太会做人了，而且已经做到了圆滑的极致。

有人可能会说，这是曾国藩堕落了，从前是个有道德有追求的君子，回到家守丧了几年，灵魂被污染了。

这么想，说明你太小看曾国藩了。

曾国藩一生对自己要求极为严格，吃饭就用一个瓦盆，穿得也很朴素。他的妻子欧阳夫人有一次来找他，以为他当上了官，有好日子过了。可没想到的是，欧阳夫人一到曾国藩的府衙，就发现他的总督衙门破烂得一塌糊涂，非常简陋，上上下下什么事都要自己做。

于是，欧阳夫人自己买了个丫鬟，没有告知曾国藩，结果被

曾国藩痛批一顿。欧阳夫人没办法，只好"转赠仲嫂母家郭氏"。

安庆的地方官来巴结曾国藩，送上了很多金银财宝，曾国藩不忍心拒绝下属的一片心意，于是将其他东西推却，只收了七领草席，还亲手写了感谢信。

还有一次，曾国藩过生日，他手下有一名大将，名叫鲍超，字春霆，他带领的霆字营是湘军中数一数二的精兵强将，战斗力非常强。可是鲍超是一个粗人，打仗很行，却没什么文化，还会抢劫，因此家里的赃款很多。

看着大帅过生日，鲍超带着十六大包的礼物就来了，曾国藩一看，几乎全是值钱的东西，比如金银细软、古玩字画。

曾国藩依旧秉持着不收贵重礼物的态度，从中选了一顶绣花的小帽，其余的全部还给了鲍超。

你看，曾国藩是真的堕落了吗？

他没有，他内心还有道义，还有追求，只是为人处世变得灵活了。他知道，要是再像以前那样，不仅办起事来不顺心，会有很多官员在他背后捣乱，也会招惹越来越多的敌人。

曾国藩无愧于"半个圣人"的称号，他确实是一名智者。

那么，什么是智者呢？

智者既能够在社会中游刃有余，又能不失个人原则和道德底线。这样的人在现实生活中，既能获得他人的尊重和信任，又能在内心保持自我尊重和自我价值。

黄炎培曾送给儿子黄大能三十六字箴言："事闲勿荒，事繁勿慌；有言必信，无欲则刚；和若春风，肃若秋霜；取象于钱，外圆内方。"这里的圆，指的是做事的灵活性，而不是圆滑狡诈；

而内在方正，则是希望能坚持原则，心存傲骨气节，不因利益而随意低头就范。其实就是倡导一种知世故而不世故的处世之道。

我们面对错综复杂的社会，要学会审时度势、进退自如，不因锋芒毕露、立场坚定而招致攻讦；又要保持初心、刚正不阿，恪守基本的道德准则。

生活从来就不是简单的非黑即白二元论，为人处世的方式讲求多样化、灵活性，而不是简单粗暴这一种模式。努力构建与他人之间的和谐关系，了解俗世情理，坚持原则和立场，心中自有做事的尺度，维持知世故与不世故间进退有度的微妙平衡。

处治世宜方，处乱世当圆

人类如何在社会中更好地生存？只要记住两句话即可。第一句：适者生存。第二句："遇人说人话，遇鬼说鬼话"。人不应该单纯如猛虎，也不应该单纯似老鼠，而应该像孙悟空一样掌握七十二变，随环境和对象的变化而变化，这就叫让自己和环境合二为一。

在人生的舞台上，能够灵活应对各种情境，掌握平衡之道，是那些成就非凡事业人士所共有的显著特质之一。如果一个人过于刚硬，坚持己见，不懂得变通，那么他在面对复杂多变的社

会环境时，很可能会因为自己的棱角过于分明而遭遇重重困难，在不断的冲突中受到严重的打击，甚至丢了性命。

然而，另一方面，如果一个人过分追求圆滑，处处讨好，试图在每个角落都留下好印象，最终可能会发现自己孤立无援。因为人们往往对那些过于世故、缺乏真诚的人保持警惕，这样的人在关键时刻会失去他人的支持和信任。

成功的人往往是那些能够在坚持原则与灵活变通之间找到平衡点的人。他们知道何时应该坚持自己的立场，何时又应该妥协退让。他们明白，有时候为了达到更高的目标，需要暂时低头，这并不是放弃，而是一种策略，一种智慧。

但是，如果一个人只是一味地追求个人的出人头地，而不懂得在必要时委曲求全，那么他最终可能会发现自己的目标无法实现。因为在现实的社会中，没有人能够一帆风顺，不懂得适时弯曲的人，最终可能会被迫屈服于现实的重压之下。

你见过一个历经四个朝代侍奉了十位君主的人吗？

我不是在跟你讲鬼怪故事，他也不是一个"千年老妖"，而是一个有血有肉的普通人，他叫冯道，生活于五代十国时期。

冯道不仅侍奉过李、石、刘、郭、柴五姓的皇帝，还伺候过灭晋之后，打算在中原立足的契丹国主耶律德光。如果都算上的话，说是五朝元老也可以。一般我们讲三朝、四朝元老，都是指伺候过三个四个同姓的皇帝。但是，冯道是真的经历了五个朝代，在其中的四个朝代都位居高官。

东晋被契丹灭国后，冯道去朝见新君主，耶律德光讽刺冯道对前主不忠，问冯道为什么要来臣服契丹，冯道说："无城无兵，安敢不来。"德光讽刺道：你是什么老家伙？冯道说："无才无德痴顽小老头儿。"这句话竟然让冯道当了太傅。

有人说，冯道是个奸臣，心中没有忠义，是五姓家奴，是一个道德败坏的人。

然而真是如此吗？

后梁与后晋争霸的时候，有一次，冯道也随军出征，但他住在简陋的屋子里面，连个草席都没有，睡觉就睡在一捆喂马用的干草上。他用自己的俸禄买饭吃，与手下的仆役们吃一样的饭菜，不搞特殊。

还有一次，冯道在为父亲守丧期间，正碰上灾荒。百姓们颗粒无收，没有饭吃。冯道就将自己的粮食拿出来分给乡里人，还亲自砍柴种田。要是碰到一些田地荒了的，或是没有能力自己耕种的，他会在夜里偷偷去帮农民们耕种。

有这样的行为，可以说冯道是一个有道德的君子吧，然而他自己却不将此事挂在嘴上，也不认为这是什么大德。

黄仁宇先生说："他替一般人民请命，保存了传统统一政府行政的逻辑。"

五代十国作为中国历史上最为混乱的时期，无论是法律还是社会秩序都近乎失效，整个社会随时面临崩塌的风险。然而冯道却尽力保全周围的人，让他们在乱世中能够苟延残喘，同时还在四个朝代中都身居高位，不得不说冯道是一个极为聪慧的人。

在那个乱世之中，冯道竟毫发无损地活下来了，家人也没有遭什么大难。这不是一般人能做到的。那么冯道的聪慧之处在哪里呢？

在于他从来都见机行事，不能说的话不说，及时地送往迎来，安排新皇帝的登基仪式。

后唐李存勖信任伶人，他不说话。后晋石敬瑭父事契丹，他也不说话，契丹人进了中原，他也没有逃难。这种时候，说话也白说，不仅挽救不了时局，连自己的小命也会搭进去。但是，碰上后唐明皇李嗣源，他说话了。因为这个武人皇帝比较厚道，能听进去话。讲一点儿奖励农桑、轻徭薄赋、与民休息的建议，多少让饱经武人横暴蹂躏的百姓，得到一点儿喘息。经历了四朝，他只有对后周的柴荣说了几句不中听的话，但柴荣恰是那个时代少有的明主，所以，冯道也没事。

冯道晚年自称长乐老，对自己的一生挺满意，对得起百姓、君主和家人。

冯道对自己的总结是："口无不道之言，门无不义之货。所愿者下不欺于地，中不欺于人，上不欺于天，以三不欺为素。"

一般的善谋者，能在太平年间发挥自己的才能，但未必能在乱世中施展抱负，因为乱世是最考验一个人的时候。而高端的善谋者，能在乱世之中游刃有余，尽可能保全自己，又不会同流合污。

在社会动荡不安、价值观念混乱的时代，过于刚直可能会使人陷入麻烦甚至危险。在这种情况下，需要更多的圆融和机智来应对复杂多变的局势。圆润并不是放弃原则，而是在保持底线的前提下，以更为灵活和审慎的方式与人交往，保护自己和他人的利益。

因此，我们要知道，处世之道并非一成不变，而是要根据时代背景和社会环境的变化而做出相应的调整。在任何时代，智慧和审慎都是宝贵的品质，它们都能帮助我们在复杂多变的世界中找到生存和发展的空间。

大事讲原则，小事讲风格

> 所谓大事就是关乎大多数人、社会整体和国家利益的事；所谓小事就是涉及个人的名誉、地位、金钱、权力的事。做人要方，处事要圆。人活一辈子无非是两件事——做人和处事。做人要有原则、有主张、有骨气、有个性，不被外人左右、不被外界迷惑。做事要思虑周全，在进退之间掌握好方向、把握好分寸，游刃有余地做到原则性和灵活性的统一。

原则不放，小事可让。

对事关全局的大事，涉及组织和整体利益的大问题，要敢于坚持、敢于斗争，不能有半点含糊，但对那些无关主旨、无碍大局的次要问题、枝节问题、局部问题、具体问题，就不必过于认真，不必非争个高低。要善于分清主次、轻重，看淡名利，看透得失，将主要精力放在抓大事上，保证大事的落实。

所谓的"风格"，其实就是每个人的个性与差异性，对于原

则性问题来讲，不行就是不行，说破天也没用。而对于一些非原则性问题来讲，每个人处理的方式都可能会不一样，这就体现了各自的风格。

在特定的条件下，对于一些非原则性的矛盾与冲突，善谋者都会采取模糊处理的办法。模糊处理，不是不问青红皂白，而是因为无法分清在冲突中谁是谁非。若冲突双方均为无事生非、毫无道理，却硬要争个是非分明，反而会助长对立、激化矛盾。模糊处理法是处理非原则性冲突的最好方法。

文天祥是中国南宋时期的著名诗人，一生忠肝义胆，大公无私。

1276年，元军围困南宋都城临安，此诚存亡之秋也。在危急关头，文天祥挺身而出，亲自奔赴元军军营谈判，结果却被元军扣留。

后来，他侥幸逃脱后，意识到这将是一场生死存亡之战，于是立即招募人马，重新举起抗元大旗，连续转战于江西、福建等地。

在和元军的数次交战中，文天祥的妻妾子女全都被俘，雪上加霜的是，儿子、母亲也不幸死去。但无论战况多恶劣，无论身处怎样的险境，文天祥从未选择放弃抵抗。

1278年，文天祥被抓，元军逼迫文天祥写信给宋朝，劝宋军投降。文天祥义正词严地说："我不能保卫父母，还教别人叛离父母，可以吗？"

文天祥不肯背叛宋廷，写下了千古绝唱《过零丁洋》：

辛苦遭逢起一经，干戈寥落四周星。山河破碎风飘絮，身世浮沉雨打萍。

惶恐滩头说惶恐，零丁洋里叹零丁。人生自古谁无死？留取丹心照汗青！

这首诗写出了文天祥九死一生的抗战经历，可即使在如此艰难的境况下，文天祥还是从未背弃过心中的信念和原则。

崖山之战后，南宋已然覆灭。有人劝文天祥投降，说："丞相的忠心孝义都尽到了，若能改变心意，像侍奉宋朝那样侍奉皇上，不失宰相之位。"

文天祥拒绝，说："国家沦亡却不能补救，作为臣子，死有余辜，怎敢怀有二心苟且偷生呢。"

后来，文天祥被囚禁了三年。在此期间，元朝统治者对他软硬兼施，威逼利诱，承诺给他高官厚禄，但他都誓死不降，直到1283年去世。

在国家大事面前，即使家人被抓，即使敌人百般凌辱，又或重金诱惑，他都没有放弃过自己的原则。在家国大义这个原则问题上，文天祥绝不含糊，所以他才会被世人传颂至今。

在善与恶、义与利面前，又有多少人能够坚守原则？

"水善利万物而不争"，甘于处下，然而也正是因为这种不争，"夫唯不争，故无尤"，才不会出现过失、怨尤；"夫唯不争，故天下莫能与之争"，不争反倒是真正的"争"。

"争"与"不争"中其实也有大智慧。真正懂谋略的人知道什么时候应当谦退居下，什么时候又应当挺立而上、据理力争。

张之洞说自己"平生有三不争：一不与俗人争利，二不与文士争名，三不与无谓争闲气"，这是一说。还有一说是：小事

不争、大事必争。何谓小事，何为大事？事关个人荣辱得失，总无"大事"；事关家国天下，必无"小事"。

变则通，通则灵，灵则达，达则成

> 学会灵活并不是件容易的事情，灵活是一个人综合素质的体现。要想在这个竞争激烈的社会上生存，就要学会灵活多变，做一个懂得变通的人，才能以智取胜，否则通往成功的路途也会崎岖难行。

王国维在《人间词话》里说："诗人对宇宙人生，须入乎其内，又须出乎其外。入乎其内，故能写之。出乎其外，故能观之。入乎其内，故有生气。出乎其外，故有高致。"

他的意思是说做人做事要灵活跳脱，不能死板；看待事物是否完美，也要从内到外考察。从现实社会意义上说，"内"和"外"可以理解为人的语言、身份、能耐、处事方式，不拘泥于某个地方，要灵活变通，才能在社会上左右逢源，获得成功。

之前曾讲述过孙膑与庞涓的故事。早在庞涓陷害孙膑之前，庞涓曾请孙膑到魏国。

孙膑到了魏国后，魏王就想考察一下，看看他的本事到底如何。

于是，魏王召集群臣，当面出题面试孙膑。只见魏王坐在宝座上，对孙膑说："我现在坐在这里，你有什么办法让我从座位上下来吗？"

一旁的庞涓突然想到了点子，说："可以在大王的座位下面生火。"

魏王斩钉截铁地说："不行。"

说着，魏王将脸转向了孙膑，想看看他有什么办法。

孙膑想了一会，说："大王坐在上面，我是没有办法让大王下来的。但是，大王如果是在下面，我倒有办法让大王坐上去。"

魏王一听，顿时十分好奇，也十分得意。就从座位上走了下来，说："我倒要看看你有什么本事让我坐上去。"

一时之间，周围的大臣都嘲笑孙膑不自量力，你连让大王从座位上下来的本事都没有，又怎么能让他上去呢。

这时，孙膑哈哈大笑，说："我虽然没有办法让大王坐上去，却已经让大王从座位上下来了。"

众人这才反应过来，都对孙膑竖起了大拇指。

这个故事虽像寓言，但很好地诠释了什么是"变则通，通则灵"。

在现实生活中，每当我们处理问题时，很多人总是习惯性地按照常规逻辑去思考，这样的人由于太死板最后走向失败。如果我们能像孙膑那样，学会灵活变通，那么你会发现"柳暗花明又一村"。只有变通，才会有另一种收获，才能达到目的，才会取得最后的成功。

真正有谋略的人，往往能够看到事物的背面，如果直接走不

行,那就逆着来。

司马光是北宋文学家,政治家,主编了"学者必不可不读之书"——《资治通鉴》。在他七岁那年,有一天,他和一群小伙伴在外面一起玩耍。孩子们在一个大大的水缸旁边嬉戏,水缸里装满了水。

可能是由于好奇心驱使,一个孩子不小心掉进了水缸里。那个孩子个子很小,水缸很大,他拼命挣扎着想要爬出来,但是水缸的边沿太高,他根本爬不出来。其他的孩子看到这一幕都惊慌至极,不知所措。

司马光看到这个危险的情况,没有像其他孩子那样慌乱,而是迅速思考起来。他知道如果不立刻采取行动,那个孩子很可能会溺水而亡。司马光环顾四周,看到了一块大石头。

突然,他灵机一动,毫不犹豫地拿起石头,用力地朝水缸的侧面砸去。

只听见"砰"的一声巨响,水缸的侧面被砸出了一个大洞,缸里的水迅速流了出来。随着水位的下降,那个被困在水缸里的孩子终于露出头,得救了。司马光和其他孩子赶紧将他拉了出来。是司马光的机智和勇敢避免了一场悲剧的发生。

司马光的这次行为,就是一次典型的逆向思维的应用。

可能会有很多朋友疑惑:"我知道逆向思维好,但我为什么平时想不到呢?"

这是因为人遇到事情的时候会慌张,会急躁。人一旦急了,脑子就拧成了一根筋,这时又怎能"生变"?不"生变",又怎会通呢?不通,怎会灵呢?不灵,怎会达呢?不达,事又怎会成呢？

善谋者大多冷静，沉着，更多是因为只有头脑保持冷静了，才能孕育出通达的条件，也才能更巧妙地解决当下的问题。

成大事者，遇事不慌，方能游刃有余，找到问题的突破点。所谓的谋，就体现在那拍案叫绝的灵光一现。

位置不同，谋略的方向就不同

员工和老板的想法是不同的，员工只看到小局，而老板能看到大局。在小局与大局中，员工和老板所看到的世界是不一样的，因此思考的方式也就不一样，行动的方向也就不同。

换言之，高度不同，谋略的手段就会有所不同。因此，人要学会根据不同的场景变化相应适合的思路。否则就是刻舟求剑，缘木求鱼。

计，千变万化，或声东击西，或瞒天过海，或围魏救赵，或暗度陈仓。但究其根本，在于根据不同的环境运用不同的谋略。

善谋者，有如腾云驾雾的龙，善变化、能兴云雨、利万物。谋，没有固定不变的方向，只有适合当下环境的策略选择。最重要的是，一个人所站的高度不同，那么"谋"所表现出来的方式

也就不同。就像在我们的日常工作中，有些员工的想法站在员工的那个位置看是合适的、恰当的；但若是站在领导层的位置，则很多员工的想法就会出错，甚至带来麻烦。

赵禹是《史记·酷吏列传》中的主角，和另一位西汉酷吏张汤齐名。赵禹出身于公职系统的最底层，但他身上的优点有很多，其中最突出的就是廉洁，而且处事公正，毫不含糊。

周亚夫还在当丞相的时候，赵禹就在丞相府任职。丞相府上下对他的评价都很高，说他公正廉洁，是一个人才，以后必能成大器。

谁料，周亚夫却对此有不同意见。他不待见赵禹，理由很充分，说："我很清楚赵禹这人，他的个人能力很强，但他运用法律条文的时候太过于苛刻，这样的人，不适合担任高级职位。"

难道公正廉洁就不能当高官了吗？难道忠实于法律条文也是问题吗？

实际上，周亚夫的这种看法，也是这个世界上很多能看到大局的人的看法。赵禹看上去既有廉洁的操守，又有处事公平的能力，按说应该是个标准意义上的好干部。但在周亚夫看来，这样的好干部不是不该得到表彰，而是只能把他们安排在基层岗位，因为一旦让他们升迁，他们在基层工作中所表现出来的那些闪光点马上就会变成祸根。

这个道理，就像俗话所说的"不痴不聋，不作阿翁"。在古代，人们经常将家里的关系延伸至与外界的关系、与领导的关系。也就是说，当家长的如果像赵禹那样，眼里不揉沙子，那么家里非但不会井井有条，妻贤子孝，反而只会狼奔豕突，鸡飞狗跳。

后人评价周亚夫的话,有人夸这是长者之言,有人说这才是高级官员该有的大局观。

周亚夫站的高度让他能够看到很多寻常人看不到的点,一个严苛到针对每个细节的人,或许能在基层岗位上发挥才能,但绝不能放到领导者的位置上,否则就会招致灾祸。就像如今的法律条文,很多时候也是有弹性的,有弹性不代表故意给犯罪分子留下空间,而是因为过于严苛、过于细究的法律条文会降低整个社会的运行效率,影响人与人之间的合作与发展。

身居高位者,都需要有一定的灵活性。往大了说,这叫"难得糊涂";往小了说,这叫"大事讲原则,小事讲风格"。

同样,很多"夸夸其谈"之辈,如果只是让他们当参谋,给自己的决策提提意见,那倒是可以的。但若是交给他们实质性的任务,让他们真刀实枪地身处第一线,可能会出大篓子。

当然,我这里所说的"夸夸其谈"之辈,是本身有一定能力的,而不是毫无才干却只知吹牛的那类人。这样的人,放在今天来讲,就是理论知识大于实践经验的人。

三国时期的马谡就是这样一个人。

刘备在临终前告诫诸葛亮,马谡这人不能委以重任,"言过其实,不可大用"。

然而,马谡跟着诸葛亮出征时,很多时候都能一针见血地指出问题所在。比如计定南中,一句"攻城为下,攻心为上"奠定了诸葛亮以怀柔态度安抚南中的战略方针,使得南中人心归附。在诸葛亮在世的时候,南中地区再也没有出现过大的骚乱。

228年，诸葛亮兵出祁山进行北伐，命赵云和邓芝作为疑军，占据箕谷，自己则亲率十万大军，突袭魏军据守的祁山。当时的人都认为应该以魏延或吴懿这样的沙场老将作先锋。而此次诸葛亮力排众议，特意提拔了马谡，任命马谡为先锋，统领各军前行。

曹叡在得知诸葛亮的军事行动后，派大将张郃督各路军马在街亭抵挡马谡。由于马谡来到街亭后，违背了诸葛亮早就准备好的作战部署，将部队驻扎在了南山上，放弃了水源，部队分置调度也产生了混乱。马谡的部将王平多次劝诫马谡，马谡均不采纳其建议。

马谡仰仗南山的地势，不在山下据守城邑，而是躲在山上。他的想法挺好：要是张郃来了，我军站在山上看得远，能够及时发现，然后我军就可以大步冲下山去，杀他个措手不及。

可是，张郃却不这么想，他截断了马谡的水源，人可以一天不吃饭，但不能一天不喝水。马谡的军队由于缺少水源，士气低沉，战力也相应减弱。张郃见状，发动了进攻，大败马谡，马谡的士兵四散逃离。

由于马谡的失败，街亭落入了张郃手中，诸葛亮进军没有了落脚点，只得带着西县的一千多名百姓回到了汉中。马谡也因为失了街亭，被诸葛亮依军法处斩。

马谡这样的人，平时让他写写文章，发表对局势的看法是可以的，更适合参谋的位置。但是诸葛亮却错误地以为，能说就代表能干。很多时候，能说不一定就是能干，因为我们经常发现，会说的不会干，会干的不会说。

一个人所处的位置与高度不同，所需要的个人能力也是不一样的。诸葛亮的错误，在于将一个错误的人放在了一个错误的位置，结果不仅丢了街亭，还丢了马谡。

不得不说，诸葛亮平时是一个善谋的人，但正所谓"智者千虑，必有一失"，善谋者有的时候也会犯错。因此谋略绝不是一件简单的事，也不是一个能简单罗列出的普适性原则。而是一种千变万化，因时而异，因地制宜的智慧。

古今多谋者，需谨慎，需谦卑，要考虑环境的变化，也要考虑个人的能力与位置是否合适。

鞋子穿在脚下才是合适的，若是戴在头上就显得十分荒谬。同样的道理，帽子是戴在头上的，切不可踩在脚下。

第六章
化敌为友，没有永恒的敌人

"化干戈为玉帛"也是消除仇恨的一种方式

人生在世，总免不了有与人发生冲突的时候，无论一个人对待别人多么和蔼可亲，都可能会碰上敌人。有的时候，这种冲突会不断升级，最终演变成一场无法挽回的悲剧。聪明的人往往能够"化干戈为玉帛"，以平和的方式化解与他人的冲突。甚至，当这些冲突已经发生之后，还能通过自己的怀柔与真诚化解对方心中的敌意。

大禹的父亲鲧做部落首领时，修高城墙以作防范，但结果反而是诸侯叛乱，海外各国也都生狡诈之心。禹看到这点，就拆毁城墙，填平护城河，散发财物，焚烧兵器盔甲，广施仁德，结果四海臣服，夷族纳贡，诸侯国带着成千上万的玉器锦缎到涂山来朝见大禹。

这就是"化干戈为玉帛"的由来。

我们都想尽可能多地结交朋友，把敌人搞得少少的。但很多时候，因为立场不同等原因，导致我们不得不面对对我们充满敌意的人，抑或曾经伤害过我们的人。

这个时候，如果秉持着一种"有仇报仇"或"势不两立"的态度，不仅无法缓解冲突，反而会让其他人觉得我们心胸狭隘。可能会凭空多出几个敌人，也会让我们在接下来的行动中因冲动而失败。

古今成大事者，皆有一颗宽厚的仁心，有长者之风。他们会利用自己的人格魅力，或利益交换等方式将曾经敌对的人转化成现在的盟友。

毕竟，盟友越多，自己可倚靠的资源也就越多，就越能成事。

齐桓公姜小白是春秋五霸之一，但他的这个霸主地位来得很不容易，要是运气不好，他很有可能在还没当上齐国君主之前就一命呜呼，驾鹤西去。

齐襄公死后，公孙无知篡夺了齐国君位，齐襄公的两个弟弟公子纠和公子小白流落在外。

公孙无知在国君之位上也没有坐多久，很快就随着齐襄公而去。公孙无知一死，齐国的国君之位空了出来，公子纠和公子小白都有可能继承君位。于是，二人一听到消息就赶紧往齐国跑，因为谁若是慢了一步，就当不上齐国国君。

随同纠一起流亡的人中，有一个人叫管仲，他为了让自己的

公子能够顺利继承君位，在小白回去的必经之路上设下了埋伏。

在看到小白时，管仲射出了一箭，他亲眼看到这支箭射中了小白的腰，而小白也口吐鲜血，倒在了地上。

于是，管仲放心地回去了。但是小白并没有死，当时管仲的箭射中的是小白腰带上的钩，从远处是看不出来的。小白心中一惊，脑子迅速一转，反应过来是有人要杀自己。于是他急中生智，咬破舌尖，口吐鲜血，倒在了地上，让杀手误以为自己已经死了。小白用"金蝉脱壳"瞒天过海，骗过了管仲。

管仲和公子纠都以为小白已经死了，于是不紧不慢地往回赶，结果来到齐国之后才发现小白已经成了国君。

公子小白对管仲恨之入骨，因为他差点儿要了自己的命。但是此时鲍叔牙却提出一个谁也没有想到的建议，他和管仲早年就认识，非常清楚管仲的才能。于是，鲍叔牙向公子小白请命饶恕管仲，并委以重任，自己甘愿居于他之下。

公子小白心里盘算了一下，听从了鲍叔牙的建议，并且带着管仲一起坐在车上，在齐国的都城走动。

百姓们本来都认为管仲这次必死无疑，但看到眼前这一幕后，瞬间就佩服起他们的国君。小白顺利树立了宽容不记仇的形象。

后来，在管仲的辅佐下，小白一跃成了春秋第一霸——齐桓公，齐国在他的带领下也实现了富强，成了仅次于周天子的诸侯。

齐桓公没有因为管仲过去的行为而怀恨在心，而是选择了宽容。这种宽容不仅体现了个人的大度，更是一种高尚的道德修养。在现实生活中，如果我们能够对他人的过错持宽容态度，不仅能够减少内心的怨恨，还能够促进人际关系的和谐。

普通人只能看到眼前的爱恨情仇，聪明人却能站在一个长远的视角来看待问题。齐桓公知道，与其消耗资源和精力在无休止的争斗上，不如转而建立稳定的合作关系，共同面对未来的挑战。善谋者在做决策时，能够考虑长远利益，而不是局限于眼前的得失。

很多人都知道秦末汉初涌现出了许多一等一的谋略家与军事家，其中韩信是最为突出的一个军事家，用兵如神。

然而，韩信也有自己佩服的人，他就是李左车。

司马迁虽然并没有为李左车立传，但李左车对中国文化的影响非同一般。有一种说法是中国象棋上的车，指的就是他。中国象棋的棋子布列，就是模仿李左车在广武山上的布阵方式。除此之外，李左车在民间享有极高的地位，他是民间传说中的雹神，在蒲松龄的《聊斋志异》中有一段《雹神》，讲述了有关李左车的神异故事。而纪昀的《阅微草堂笔记》中也有相关的记载，可见他对中国人的影响有多深。

李左车是赵国名将李牧的孙子，在秦末乱世的时候辅佐赵王歇。公元前204年，刘邦派韩信前去攻打依附项羽的赵国。李左车和赵军统帅成安君陈余集中二十万兵力于太行山区的井陉口，占据有利地形，准备与韩信决战。

此时，李左车建议陈余严加死守，因为汉军远道而来，粮草供给不足，士卒疲惫，只要拖久了，汉军自然会崩溃。

然而陈余并没有听从。韩信引诱赵军出击，将自己"置之死

地而后生"（背水一战），击溃了赵军。韩信斩陈余，擒赵王，灭亡了赵国。

当手下押着李左车来到韩信面前的时候，韩信亲自为李左车解开绳索，恭敬地请他东向而坐，自己则坐在西向。

作为胜利者的韩信摆出如此姿态，倒让李左车有些奇怪。

主宾坐定，韩信道："广武君，我欲北攻燕国，东伐齐国，只是还没想出具体计策，还望先生不吝赐教。"

面对刚刚还是自己敌人的人，韩信并没有被胜利的喜悦和立场的不同而冲昏头脑。他清楚地知道，李左车是一个人才，是一个值得自己学习的人。若是李左车领导赵军，自己能不能赢得胜利还不好说。

善谋者，敌人很少，因为他能够巧妙地将敌人转化为自己的朋友，这不仅需要智慧，更需要胸襟。无论是齐桓公还是韩信，在他们眼里，敌人有的时候未必是可恨的，如果能够消解彼此的矛盾，那么"敌人"的力量就能为己所用。

当然，要化解敌人，光有言语是不行的，还要有行动，最重要的是，态度要真诚。如果管仲和李左车感觉不到对方的真诚，他们断然不会选择与齐桓公和韩信合作。

一个"诚"字，很多时候胜过千百种具体的谋略。正所谓"精诚所至，金石为开"，唯有真诚才是通往成功的道路。

虚怀纳谏，哪怕他曾经是敌人

古今优秀的领导者，他们不仅有着卓越的才智和远见，更有着宽广的胸怀和包容的心态。他们懂得虚怀若谷，善于听取不同的意见和建议。这种包容和谦逊的态度，往往能够为自身带来意想不到的转机和益处，为自己成功的路上添砖加瓦。

人很多时候会被自己的情感所累，会戴着有色眼镜看别人，甚至就连朋友的意见都听不进去，一意孤行，更别提那些和自己关系不好或者曾经伤害过自己的人的意见。

然而，很多时候，朋友的意见往往并没有多少参考价值。因为他们和我们一直生活在一起，看到的都是同样的信息，因此想的也会和我们差不多。但是那些反对过我们的人，曾经与我们为敌的人，他们的意见才更宝贵。因为他们与我们的生活环境不同，看到的世界也会有所不同，他们往往能看到很多被我们忽略的部分。

唐太宗李世民与魏徵的例子很好地诠释了这一点。

李世民是中国历史上明君的典范，他在位期间，开创了"贞观之治"。使得国家强盛，民众安居乐业，唐朝也因此成了中国

历史上最为强盛的时代。

魏徵曾短暂当过隋朝的官吏，后投靠瓦岗寨的李密，为其出谋划策，却被认为是老生常谈而不被重用。李密被王世充击败后，魏徵投奔李唐，被世子李建成看中，收为太子洗马，礼遇甚厚。

626年，李世民发动玄武门之变，杀了哥哥李建成和弟弟李元吉，成了大唐皇帝的唯一继承者。李世民听说过魏徵的才能，也知道他曾为李建成献计，其中多为对自己不利。于是，李世民叫来了魏徵，问："你为何要离间我们兄弟？"

周围的人都为魏徵感到担忧，但魏徵却直言不讳地说："先太子若是早点儿听我的，就不会有今日的祸事了。"

此言一出，大家都为魏徵捏了一把汗，李世民见他说话直爽，毫不隐瞒，同时也看到了他身上的才能，于是既往不咎，让他担任主簿，从而将其吸纳为自己的幕僚。

魏徵以其刚直不阿的性格著称，他敢于直言进谏，不畏权贵。在许多重要的国事决策上，魏徵都提出了自己的看法，有时甚至与太宗的意见相左。之后，当上谏议大夫的魏徵忠心耿耿，尽职尽责，始终以进谏为己任，甚至不惜触犯龙颜，从不退让。刚开始，唐太宗也很不适应，既怕又恨。但过后一想，觉得他说得有道理，又从心底里敬重他，把他当成自己的一面镜子。之后魏徵的每次进谏，唐太宗都能比较慎重地思考，虚心地纳谏。正是由于唐太宗的虚怀纳谏、容人之量，才最终开创了"贞观之治"。

有一次，唐太宗计划修建一座豪华的宫殿，魏徵认为此举劳民伤财，不利于国家的稳定和发展，于是坚决反对。唐太宗虽然心中不悦，但最终还是接受了魏徵的建议，放弃了修建宫殿的计划。

唐太宗不仅是一位能征善战的马上皇帝，更是一位虚怀纳谏的智者。虚怀纳谏是一种高级的谋略技巧，装不像，也学不来，唯有自己不断修炼，开拓视野，培养格局才能达成。

一位领导者的伟大不仅仅体现在他的才能和成就上，更体现在他是否能够虚怀若谷，接纳不同的意见和建议，哪怕这些意见来自曾经的敌人。这种胸怀和智慧，是每一个成大事者都应该借鉴的。

三国时期，刘备曾苦于一直没有一块稳定的地盘，便将目光瞄向了益州。当时益州的拥有者是刘璋，因与汉中张鲁关系不和，听从手下人张松的建议，准备迎接刘备入蜀，以抵御张鲁。

谁料，刘璋的两位部下黄权和刘巴极力反对，认为刘备不仅是一个麻烦，更是一个祸害。

刘璋对此不以为意，还因此而疏远了黄权。

等到刘备与刘璋反目后，益州的很多官员都投奔了刘备，只有黄权紧闭城门，坚守不出。刘璋投降后，黄权才向刘备归顺。

对于这样一个之前反对自己入蜀，在其他城池都望风而降而他闭城坚守的人，刘备非但没有为难他，反而拜为偏将军。

黄权归顺刘备后，计定汉中，立下了汗马功劳。

刘巴的故事就更传奇了，早在曹操南下荆州的时候，刘巴北上会见了曹操，曹操任命刘巴为掾，让其招纳荆州南部的长沙、零陵、桂阳三郡。

不久后，赤壁之战爆发，曹操败北，刘备乘胜占领了零陵、长沙、桂阳、武陵四郡。刘巴不能复命，便逃到了交州。诸葛亮写信劝降，都被刘巴拒绝。

刘巴随后去了交趾郡。对于这样一个人，刘备一开始是恨之入骨。

在交趾郡，刘巴与交趾太守士燮多有不和，因此又跑去了益州，投奔刘璋。

在刘备入蜀之事上，刘巴极力反对，但刘璋并没有听从。此后，刘巴称病不出。

刘备在围攻成都的时候，下令道："如果有谁危害到刘巴，我将诛灭他三族。"

大家都以为刘备要亲自报仇，以泄心中之火。万万没想到的是，刘备在进入成都后，不计前嫌，任刘巴为左将军西曹掾。

刘巴归顺刘备后，尽心尽力为蜀汉效力。在他的指导下，蜀汉国库得以充盈。随后，他与诸葛亮、法正等人制定《蜀科》，奠定了蜀汉的法律根基。

真正的领导力不在于统御他人，而在于能够倾听和包容。一位伟大的领导者，他的胸襟能容下千山万水，他的耳朵愿意听取八方意见。即便是来自对手的声音，也能成为他智慧的源泉。

这才是一个真正的善谋者。

敌人除了消灭，还能为己所用

人很多时候都有一种"自恋"心理，都有一种自我主义倾向，会高看自己朋友的能力，而轻视敌人的能力。古往今来，这样的例子数不胜数。

其次，人往往会认为敌人都是对自己有害的，敌人的能力越强，对自己的威胁就越大。然而，真正聪明的人却能让敌人发挥更大的价值。他们都明白一个道理，敌人除了消灭，还能为己所用。

无论是古今中外，成大事者都展现出了他们独特的用人智慧。这些成功者不仅具备吸引忠诚追随者的能力，他们还拥有一种非凡的魅力，能够将原本站在对立面的人才拉拢到自己的一边，让他们成为自己事业的有力支持者。

遇到对手，最好的方法就是化敌为友，这就要求我们必须尊重对手。

在生活中，有很多人都把自己的竞争对手视为异己，是心腹大患，是眼中钉肉中刺，恨不得马上除之而后快。其实只要反过来仔细一想，便会发现拥有一个强劲的对手反倒是一种福分、一种造化，当你化敌为友时，更是一种收获。爱你的对手，不仅善

待了自己，更善待了自己的心灵。善待我们身边的对手，虽然他们对我们构成了表面上的威胁，但也因为这些对手的存在，使得我们多了一份警戒、一份竞争力，也多了一份活力。

当然，善待对手反过来也是善待我们自己，因为这个世界上本就没有永远的敌人。别看对方现在是你的对手，但是当其感受到你的人格魅力的时候，他们也会心甘情愿投奔于你，为你效力。这个时候，对手的能力越强，对自己反而越有利。

化敌为友是智者的行为，是一种境界，是一种品德。所谓：冤冤相报何时了？冤家宜解不宜结。只要拥有宽大的胸怀，忍一忍，晴空万里；退一步，海阔天空；再回头，敌人已是朋友。

三国时期的曹操是中国历史上最杰出的谋略家，在后来三分天下的局面中，曹魏的人才是最多的，这一来得益于曹操高举汉献帝的大旗，二来也和他善于化敌为友的胸怀与智慧脱不开关系。

我们回顾那一段历史的时候，不难发现，曹操帐下是"谋士如雨，武将如林"。如果我们再仔细挖掘一下也会发现，其中的很多人才一开始并不属于曹操，而是曹操敌对阵营的人。

曹魏"五子良将"中，有一大半是从敌对阵营转投过来的。张辽，原是董卓与吕布的将军；张郃，曾是"河北四庭柱"之一，跟随袁绍；徐晃，早年跟随杨奉作战；于禁，最初跟的也是鲍信，而不是曹操。只有乐进一开始就是曹操的将领。

曹魏"五大谋臣"中，郭嘉与荀彧曾到过袁绍处，被袁绍奉为上宾，但最终二人都看出了袁绍无法成大事，才投奔曹操。他们知道只有到了曹操处，才有自己施展才华的机会，这与曹操一直以来对外界释放出的个人魅力有关。也只有曹操的谋略，才让郭嘉、荀彧等辈认可。至于贾诩，曾追随董卓，董卓死后又为李傕、郭汜献策，后又投奔张绣，与曹操是真刀真枪地干过仗，而且让曹操损失不小。但就是这样一个人，曹操也能让他归于自己帐下，且不计前嫌。

陈琳是"建安七子"之一，曾为袁绍效力。官渡之战爆发前，作为袁绍的专业笔杆子，陈琳写出了其一生中最著名的《为袁绍檄豫州》文，骂的就是曹操。

文中对曹操的辱骂可谓是登峰造极。不仅将曹操骂了一个狗血淋头，还将他的先祖都问候了一遍，骂他祖父"饕餮放横，伤化虐民"，说他父亲"乞匄携养，因赃假位"。

据说曹操看到这封信后，气得头风病也瞬间好了。

后来，官渡之战以袁绍的失败告终，陈琳被俘，被送到了曹操面前。大家本以为陈琳这次死定了，因为他之前做事做得太绝，任谁都恨不得将他大卸八块。

谁料，曹操看到他的第一眼不是带着怒气冲冲的眼神，而是问他："当初骂我也就算了，为何将我的祖上也带上呢？"

陈琳回答道："箭在弦上，不得不发。"

曹操非但不生气，反而很欣赏陈琳，不仅赦免了他的罪过，还继续让他在自己身边做事，担任司空军师祭酒。

陈琳作为当时最为出众的文学家之一，对魏晋南北朝时期的诗歌创作产生了深远的影响。

试问，要是当初曹操凭借往日的恩怨一刀送走陈琳，于情于理都是说得通的。但若是他这么做了，中国也就失去了一个文

学家。

那些智慧非凡的谋士们，总是以其超凡脱俗的胸襟和深邃的目光对待敌人，从不拘泥于过往的恩怨。他们懂得，真正的胜利不是将对手击溃，而是能够将曾经的敌意化解，将对手转化为盟友，正如权谋兼备、智略无双的曹操对待陈琳那样。这种胸怀，展现出了一代枭雄的博大胸襟。

在曹操的眼中，敌对只是立场的不同，而非个人的仇恨。他明白，一个人的价值并不在于他过去的立场，而在于他未来的潜力和贡献。因此，他愿意给予机会，愿意用宽广的胸怀去包容过去的敌对，去感化那些曾经的敌人。

这样的智慧，这样的胸怀，这样的谋略，又岂是一般人所能达到的？在我们的生活中，也会遇到各种各样的"敌人"，或许是竞争对手，或许是曾经伤害我们的人。但如果我们能够像曹操那样不计前嫌、不念旧恶，用一颗宽容的心去对待他们，那么我们也许能够化敌为友，让他们的资源也能为己所用。

庞德曾是马超帐下的悍将，随马超一起对抗曹操。后来汉中平定后，马超投奔了刘备，而庞德则率众归附曹操。曹操素来听说庞德骁勇善战，故而冰释前嫌，拜其为立义将军，封关门亭侯。

关羽进攻曹魏的时候，庞德与曹仁驻扎在樊城。当时，庞德的兄弟庞柔在刘备帐下，因此有人就怀疑庞德不会尽心尽力与关羽作战，毕竟他是刚刚来的降将，还没有在同僚中建立起信任。

然而，庞德义正词严地说："我身受国恩，义在效死。我欲亲自迎战关羽。不是我杀他，就是他杀我。"

后来，关羽水淹七军，魏军大败，于禁投降。庞德被押解到关羽身前的时候，关羽以庞柔与马超都在刘备处而劝他投降。谁料，庞德宁死不降，最终被关羽所杀。

虽然庞德在归顺曹操后很快就迎来了自己的末日，但他的死不仅没有动摇曹魏的军心，反而增强了曹魏同仇敌忾的士气。在听闻是与关羽作战时，他们并没有畏首畏尾，而是舍生忘死为曹魏效力。

在曹操麾下，庞德并未因为曾是敌人而受到冷落，反而得到了重用。相比那些怀疑他的人来说，曹操对他多了一份信任。这正体现了曹操独特的用人谋略——他认为，敌人并非只是要被消灭的存在，他们也有可能成为自己力量的一部分。这种胸怀和智慧，使得曹操能够广纳贤才，不分敌我，只看能力与忠诚。

曹操的用人之道，不在于简单的收服，而在于如何将这些曾经的敌人转化为自己的力量。他懂得，真正的强者，不仅要有征服敌人的勇气，更要有化敌为友的智慧。

在这个充满变数的世界里，我们在通往成功的路上，每个人都可能遇到类似的情况。面对曾经的对手，我们是否能够像曹操那样，不以成见去判断，而以开放的心态去接纳，将对立转化为合作，将敌意转化为友谊呢？

这不仅是对他人的一种宽容，更是对自己能力的一种肯定。

宁可得罪君子，也不要得罪小人

古人常常告诫我们，宁可得罪君子，也不要得罪小人。因为君子是有底线的，而小人会为达目的不择手段。所谓"明枪易躲，暗箭难防"，如果得罪了小人，你不知道小人会以什么方式对付你。小人的伎俩有的时候搬不上台面，因此才会更难防，后果也更严重。

小人本来就喜欢搞阴谋，背后整人，没事就想闹出点儿事，如果有人得罪他们，他们肯定要数倍奉还。还有一些深沉的小人，谁要是得罪了他们，他们睚眦必报。这种人很阴险，就算你没有得罪他们，只要威胁到他们的地位和利益，他们也可能会想办法编排你，让你的日子不好过。

君子往往具有开阔的胸怀，在被开罪以后，会一笑了之。或许也会伤心，但绝不会耿耿于怀，以各种手段加害于对方。有的时候就算别人冒犯了他们，他们也能设身处地地为别人着想。但小人不同，小人的心胸大都比较狭隘，对一点儿不愉快都会记恨在心。即便只是你的无心之失，他也会须臾不忘；纵使你曾经有恩于他，也会被其忘得一干二净。另外，他们还会找机会进行打击报复，直到恨意消失。因此，如果你和他产生了矛盾，那你的麻烦可就大了。

所以，在面对小人的时候，最好的办法就是管住自己的嘴，不要贸然得罪他们，更不要说一些让他们感到不舒服的话。古之谋事者，亲君子而远小人；古之败事者，亲小人而远君子。

嵇康是"竹林七贤"之一，人生过得既苦闷又潇洒，苦闷是因为活在一个自己不喜欢的世道之中，潇洒则是因为至少自己还能和几个好友游离于俗世之外，过一种简单的自由生活。

然而这一切，都被钟会打断了。

当时的掌权者是司马昭，司马昭一直想请嵇康出来做官，但嵇康都拒绝了，这让司马昭很不舒服。但司马昭也不是一个看谁不舒服就把谁除掉的人，因此嵇康虽然拒绝过司马昭，但一直以来也安然无事。

钟会是当时的名士，声望颇高，一开始很崇拜嵇康。有一次，钟会写了一篇《四本论》，写完之后非常高兴，便想让嵇康看一看，也好给自己一点儿指导意见。然而，钟会知道嵇康不喜欢自己，便蹑手蹑脚地来到了嵇康的家中，将写好的文章扔进了院子里，胆战心惊地跑了。

后来，钟会当上了大官，成了司马昭身边的红人。有一次，他带着诸多同僚前来拜访嵇康。嵇康知道钟会来了，连头都没抬一下，与好友向秀在一旁打铁。钟会看了一会儿后，感到很无语，悻悻而归。

离开之时，嵇康开口问："何所闻而来，何所见而去？"

钟会回答："闻所闻而来，见所见而去。"

很明显，嵇康是一点儿都不给钟会留面子。要知道，当时并

不是只有他们两个，还有钟会带来的同僚呢。在别人面前丢了面子，如果是君子，或许会自嘲一句，当作什么都没发生。但钟会显然没有君子的格局，他从此开始嫉恨嵇康，回去后就劝司马昭杀了他。

嵇康有一个朋友，叫吕安，也是一名名士，吕安有个哥哥叫吕巽。吕巽品行不太好，看上了弟媳妇的美色，便使出坏招占有了她。吕安得知此事后很生气，准备去官府控告自己的哥哥。在这之前，他前来询问嵇康的意见，嵇康顾全大局，劝说自己的朋友家丑不可外扬。

吕巽原本就心里有鬼，害怕弟弟报复，便决定先下手为强，竟然告吕安不孝，殴打母亲。

嵇康义愤填膺，决定为自己的朋友辩护。钟会可算是找到机会，趁机在背后煽风点火。最终，吕安和嵇康都被杀了。

嵇康死后，其所创的古琴曲《广陵散》也成了千古绝唱，这不得不说是中国艺术界的一大损失。

如果你得罪了小人，小人就会记在心上，并对此耿耿于怀。若是让他日后找到机会，必定会想方设法给你制造麻烦，甚至添油加醋在外面说你的坏话与闲话。一旦遇到这种小人，大部分善谋者也会很头疼——他们既要忙于自己的事情，还要分出一部分精力防备小人的攻击。

别看"宁可得罪君子，也不要得罪小人"只是一句简简单单的话，很多人也都能理解，但在平时做事的时候往往疏忽了这一点。所谓"害人之心不可有，防人之心不可无"，一个人一生最需要防的，恰恰是小人。尤其是身居高位者，小人的攻击一旦奏效，那么自己便会陷入万劫不复之地，毕竟"爬得越高，摔下来的时候也就越痛"。

在封建社会，小人不仅于人有害，很多时候也会危及组织和国家。小人没有大局观，只考虑自己的利益，将国家利益弃之不顾。三国时期的姜维想必非常理解这种痛。

黄皓是蜀汉皇帝刘禅身边的宦官，此人阴险狡诈，擅长溜须拍马，阿谀谄媚，对于权力有着极强的欲望。诸葛亮在世的时候，他不敢有半点儿放肆，但是诸葛亮一去世，他便露出了丑陋的嘴脸。

大权在握之后，黄皓便开始打压与自己唱反调的蜀汉官员和刘氏宗亲，提拔那些忠于自己的官员。阎宇本是一个不知名的蜀汉将领，但是他选择依附黄皓，因此得到了重用，被提拔为大将军。而另一位将领罗宪为人刚正不阿，不与黄皓同流合污，因此遭到了黄皓的报复和打压，被贬为巴东太守，远离蜀汉都城。

黄皓的行为最终激怒了姜维。由于姜维长期在外作战，很少在朝中，因此也几乎没有机会对抗黄皓。等他率军回到成都后，便上奏刘禅，请求处死黄皓。刘禅有意偏袒黄皓，只是让他去给姜维道歉。

姜维知道刘禅维护黄皓，担心自己遭到黄皓的暗算，于是便前往沓中避祸。同年，姜维被邓艾击败，退驻沓中。黄皓便想找机会废掉姜维，让自己的亲信阎宇接任。姜维得知此事后，非常害怕，不敢回成都。

263年，曹魏大将钟会在关中地区治兵，姜维闻之，大为惊恐，急忙上书请求增兵，以增强防御。

黄皓从中作梗，在刘禅耳边吹风，说曹魏不会进攻。刘禅听信了黄皓的谗言，于是便没有给姜维派去援军。

不久之后，邓艾偷渡阴平，刘禅无奈之下开城投降，蜀汉灭亡。

姜维因为得罪了黄皓，导致需要增兵的时候被使绊子。蜀汉灭亡之后，姜维一心想复国，但最终还是未能如愿，死于乱军之中。

越是聪明、能力强的人，有的时候反倒能镇住小人，比如诸葛亮。但大部分人没有这样的资本，面对小人，如果我们不能与其对抗，不如就想办法远离他们。姜维虽然没有劝动刘禅杀了黄皓，但他感觉到自己已经得罪黄皓后，便没有待在成都，而是前往沓中避祸，甚至后面连成都都不回。

这是每一个成事者都应该学会的一点，惹不起可以，但也要躲得起。

得罪了小人，被小人嫉恨，若是命都没了，胸中就算再有谋略又有何用呢？

但是问题也来了，难道我们面对小人的时候只能躲吗？有没有预防小人的办法呢？

中国是这个世界上历史最为悠久的国家之一，在漫长的历史长河中，我们不难发现，无论是古老的经书还是历代的史书，都充斥着圣人和贤者的教诲。这些智慧的结晶，无不在向我们传授如何做人、如何与人相处的道理。只要懂得如何做人，美好的未来就在眼前；反之，如果只是擅长做事，那么无论多么努力，最终可能都是徒劳无功。做人，是中国千百年来一直探寻的话题，也是成大事者需要好好学习的内容。

"上有所好，下必甚焉"这句话道出了一个常见的现象：当权者一旦沉迷于权力的滋味，就会有人不断地迎合他们，甚至不惜阿谀奉承，只为了自己的私利。在那样的环境下，这些善于拍马屁、抬轿子的人就会如鱼得水。

如果身处高位的人有这样的喜好，那么下属就会效仿，形成一种上下互相利用的局面。上层利用小人制造混乱，打压异己，而下层则利用上层的权力谋取私利。因此，若你是身居高位者，为了杜绝小人的出现，就要以身作则，尽量减少下面出现溜须拍马的情况。

历史告诉我们，忠诚的臣子总是希望遇到明智的君主，这样才能发挥其才能，实现自己的抱负。然而，君子虽然常有，小人也总是存在。因此，这种矛盾和斗争是永远不会停止的。

不过，小人也并非无懈可击。为大唐中兴立下赫赫战功的郭子仪不仅是一位在战场上所向披靡、无坚不摧的英勇将领，更是一位在复杂的人际关系中，善于应对各种小人的智者。

"安史之乱"平定后，郭子仪的功绩如日中天。但他并没有因此而骄傲自满，反而更加小心翼翼，以防小人的嫉妒和算计。他的这种谨慎，不是因为他害怕小人，而是因为他深知小人的危害，他不想让自己的家人和部下因为他而受到伤害。

有一次，郭子仪生病了，一个名叫卢杞的官员前来探望。这个卢杞，是历史上臭名昭著的奸诈小人，他的相貌奇丑无比，脸型宽短，鼻子扁平，两个鼻孔朝天，眼睛小得出奇，让人一看就忍不住想笑。正因为如此，一般妇女看到他都不免掩口失笑。

当郭子仪听到门人的报告，说卢杞来访时，立即让身边人避到一旁不要露面，他独自凭几等待。卢杞走后，姬妾们又回到病榻前问郭子仪："许多官员都来探望您的病，您从来不让我们躲避，为什么此人前来就让我们都躲起来呢？"郭子仪微笑着说："你们有所不知，这个人相貌极为丑陋，而内心又十分阴险。你们看到他万一忍不住失声发笑，那么他一定会心存嫉恨，如果此人将来掌权，我们的家族就要遭殃了。"

郭子仪对这个官员的了解，可以说是入木三分。他知道，卢杞是一个极度自卑的人，他的自尊心极其脆弱，任何一点儿小小的冒犯，都可能引发他的强烈反弹。因此，在与卢杞打交道时，郭子仪尽量做到极度的小心谨慎。

后来，卢杞果然当上了宰相，他开始极尽报复之能事，把所有以前得罪过他的人统统陷害掉，唯独对郭子仪比较尊重，没有动他一根毫毛。这件事充分反映了郭子仪对待小人的办法之高明。

面对小人，我们不能轻视他们，也不能因为他们外貌、身份、地位等方面卑微而对他们进行无理的侮辱。

以德报怨，会有意想不到的收获

并不是所有的怨都需放在心上，耿耿于怀，也并非所有的怨都要用相同的手段去应对。很多时候，别人给我们造成伤害是无心的。这个时候若是我们能够用"以德报怨"的心态去对待别人，或许就会有意想不到的收获。

以怨报怨，未尝不可，但以德报怨，是一种更高层次的境界与智慧。

历史上，许多被后人称颂的智者和领袖，都持有这样的心态。这种心态并不是与生俱来的，而是经过长久习惯和自我修炼的结果。他们认为，以德报怨不仅能够化解矛盾，还能够赢得人心。

古今善谋者，他们的胸襟宽广，雅量非凡，往往能够超越小我，看到更大的格局。他们知道，报复可能会带来短暂的满足感，但长远来看，却可能引发无尽的恶性循环。相反，用德行去回应那些对他们不利的人或事，不仅能够保持自己内心的平和，还能够树立起良好的形象，赢得他人的尊重和支持。

这种心态并不是每个人都能够轻易拥有的。它需要人们具

备深刻的自我认知，强大的自制力，以及对于人性和社会规律的深刻理解。这也是为什么那些能够以德报怨的人，往往可以在复杂的人际关系和棘手的问题面前，找到解决问题的钥匙，成就一番事业。

春秋时期，秦国与晋国离得很近，表面上是"秦晋之好"，但却在背后明争暗斗。有一年，晋国发生了灾荒，秦国给予了支援。到了第二年，秦国发生了灾荒，晋国却无动于衷，这惹恼了秦国上下，于是双方爆发了韩原之战。

在交战中，秦穆公难以遏制心中的怒气，一不小心深入了敌军阵营，等反应过来的时候才发现，自己已经被晋军包围。

就在秦穆公以为自己命不久矣的时候，一群素不相识的野人从远处冲了上来，撕开了晋军的包围圈，奋死将秦穆公救了出来。这里的野人并不是指神农架传说中的那种野人，而是农村人、山里人。

看着眼前的三百野人，秦穆公过了很久才想起一段往事。原来在很多年以前，秦穆公丢了一匹马，四下寻找之后才发现已经被岐山下的野人烤着吃了。

秦穆公身边的人很生气，准备将这些人抓起来问罪，秦穆公却制止了他们，说："我听说有德有才的人不会因为牲畜而杀人，我还听说吃马肉不喝酒对身体不好。"

于是，秦穆公另外派人给这些野人送上了酒，野人们皆感动不已。几年后，他们终于在韩原之战中找到了报效的机会。

这些突然出现在战场上的野人扭转了秦晋之间的战况，秦军从劣势转为优势，最终俘虏了晋惠公。

秦穆公可谓是把"以德报怨"玩得溜溜的,不仅没按常理出牌,还顺手撒了一把感动的种子,几年后收获了一班忠诚的"野人救兵"。丢了爱马,一般人可能早就火冒三丈,将那些野人杀了,或给予相应的惩罚。但他选择了理解和宽恕,甚至还关心起"凶手"们的健康问题。这种胸怀,才是一个真正有格局的人所拥有的。

常人总是把"以德报怨"看成软弱或者吃亏。短期内,你可能会觉得自己有点儿憋屈,但长远来看,这种宽容和大度往往会给你带来更牢固的友谊和更坚定的支持。

公元前606年,一鸣惊人的楚庄王平定了叛乱,回到宫中开了一场庆功宴。宴会上,大家都很高兴,从早喝到晚。

为了助兴,楚庄王将自己的爱妃许姬叫了出来,让她给大家倒酒跳舞。许姬是个大美人,那天,她上着白藕丝对衿仙裳,下穿紫绡翠纹裙。满头珠翠,颤巍巍无数宝钗簪;遍地幽香,娇滴滴有花金缕细。脸蛋如三月桃花,纤腰似春之杨柳,说不尽的体态风流,丰姿绰约。

就在大家兴高采烈地欣赏许姬舞姿的时候,突然一阵风吹来,将蜡烛吹灭了。当时正值晚上,蜡烛一灭,屋内黑漆漆的,大家一时半会儿都适应不了。

这时,有一只"咸猪手"慢慢伸向了许姬,把她往怀里拉,还摸了许姬光滑的肌肤。许姬挣扎着,将他帽子上的缨子拔了下来。

随后,许姬悄悄来到楚庄王身边,将刚刚被"吃豆腐"的事告诉了大王。

楚庄王听后，立即吩咐正在点蜡烛的佣人停下来，并让大家都将帽缨摘下来。如此，等到蜡烛重新被点亮后，群臣头上都没有帽缨，因此也不知道谁才是罪魁祸首。

七年后，楚庄王伐郑，一名将军主动率领部下先行开路。这名将军在作战的时候异常勇猛，率领部下身先士卒，大败敌军，一直杀到郑国国都。战后，楚庄王论功行赏，然而此人什么都不要，并且坦然承认七年前在黑漆漆的环境中调戏妃子的人正是他。因为当时楚庄王并没有追究，这次他特来报那时的不究之恩。

面对许姬被调戏的尴尬局面，楚庄王并没有选择当场发作，揪出"色狼"，而是选择了一种更为圆滑和智慧的方式来化解矛盾。这种处理方式，既保全了自己的面子，又避免了在喜庆的宴会上引发纷争。

其次，楚庄王的这种宽容，实际上是在播种一颗忠诚的种子。他没有追究那名将军的责任，反而给了对方一个改过自新的机会。七年后，当楚庄王需要用人之际，这名将军挺身而出，以勇猛的表现回报了楚庄王的宽容。这不正是"滴水之恩，涌泉相报"的最好诠释吗？

有的时候，宽容并不意味着软弱，而是一种长远的投资。楚庄王的宽容，最终换来了一名将领的忠诚和战场上的胜利。这种以德报怨的智慧，不仅能够化解矛盾，还能够赢得人心，甚至在必要的时候能够改变战局。

以德报怨，不仅仅是一种道德的修养，更是一种智慧的谋略。在现实生活中，我们也应该学会宽容和理解，用智慧去化解矛盾，用胸怀去赢得尊重。

第七章
有舍有得，抓住要领，才能立于不败

吝惜自己身外之物的人结局如何？

> 一个人若总是斤斤计较，时间久了，就会毫无英雄气。没有英雄气，他的视野就会变得狭窄，胸怀会逐渐萎缩，身边的朋友也会离他而去。到时候他就算心中再有多么宏伟的目标与蓝图，也没有办法去实现。

我们经常以为斤斤计较就是让自己不吃亏，事实上，这是一种小肚鸡肠的表现。总以为别人占自己一分便宜，自己就要想尽办法占三分回来，否则就是吃了大亏，但是事实真的就像我们想象的那么单纯吗？

一个肚量狭小的人，会有谁敢靠近他？反之，以实际行动理解和包容对方，不仅可以使那些对你不敬的人心生惭愧，同时还

可以告诉别人你的胸怀和气度是别人无法企及的，那么你会在不知不觉中吸引许多有德之人。这才是吃小亏，赚大便宜的上上之策。

三国时期的曹洪是曹操的族弟，跟着曹操南征北战，多有功劳。

曹洪曾经还救过曹操一命。要是没有曹洪的及时让马，天下可能就不会有曹操了。

然而就是这样一个人，有保驾之功，又是曹家人，按理说是不缺钱的，但曹洪却十分吝啬。

曹丕是曹操的亲儿子，年轻的时候，他曾向叔叔曹洪借钱，然而曹洪不看他父亲的脸面，拒绝了。

后来，曹操去世，曹丕继位，想起年轻时的遭遇就怀恨在心。终于，他找到了机会。有一次，曹洪的门客犯了法，曹丕便将曹洪打入死牢，准备处死，群臣都来求情，但都无效。还是卞太后出面周旋，给郭皇后施压，曹丕最终赦免了曹洪的死罪，但将其贬为庶人。

就算有救驾之功又如何，吝啬的性格让曹洪得罪了曹丕。以曹丕的心胸，翻脸无情，在治曹洪罪的时候全然不顾他对父亲的恩德。

曹洪对自己的财物斤斤计较，最终将自己的性命也差点儿搭了进去。有谁会相信，当年曹洪对曹丕说"不借"的时候，他未来会因此事而付出生命吗？

因此，别以为斤斤计较没什么。短期内可能真的没什么，但若是将时间线拉长来看，就不好说了。毕竟，万一你的斤斤计较得罪了小人，也会酿成大麻烦。

周札出身于东晋时期江南一带，家族在当地很有威望。他本人也为东晋的建立立下了功劳。他的宗族强盛时，子侄都身居高位，一门之中有五人爵至公侯。

然而，正因为他树大招风，引起了王敦的注意。324年，庐江太守李恒受王敦指使，诬称义兴周氏勾结道士李脱，图谋不轨。于是，王敦派兵攻打周札。

在王敦攻打会稽时，大家都劝周札将自己的钱财拿出来，买点儿军备分发给士兵，以抵御敌人的进攻。谁料，周札平时为人吝啬，斤斤计较，不愿意把好的兵器拿出，而是给士兵分发了劣质的兵器。

大家都不傻，一看破烂的兵器，顿时明白了这哪是打仗，简直就是去送死。因此，大家心灰意冷，士卒们也都弃他而去，不愿为他效命，在战场上一点儿士气都没有，刚一交战就溃不成军。

最终，周札兵败被杀。

这可真是因为一时的"不舍得"而葬送了自己的性命。他舍不得金钱，舍不得身外之物，结果导致连享用身外之物的生命都没了。

这样的人，又能谋些什么呢？

萧纪是南北朝南梁武帝萧衍的第八子，小时候勤奋好学，很聪明。侯景之乱中，萧纪趁机在成都称帝，数月后率大军顺江东下，准备干掉在江陵称帝的七哥——梁元帝萧绎，夺取天下。

出征之前，萧纪将平时积累的金银财宝都拿了出来，命人铸成一斤重的金饼一万个，银饼五万个，每一百个装一箱，共装了

金饼一百箱,银饼五百箱。在誓师大会上,他对底下的士兵保证,只要能够尽心尽力,他一定不会亏待各位。

士兵们顿时兴致高涨,内心似乎燃起了熊熊之火,恨不得立即与敌人展开战斗。

这样的士兵,战斗力可想而知有多高。在瞿塘峡口的战斗中,萧纪的士兵将梁元帝的士兵打得落荒而逃。

得胜回来后,大家都很高兴,以为可以获得满屋的金银财宝。然而,此时的萧纪一点儿动静都没有,就像得了健忘症一样,只字不提赏赐的事。

原来,萧纪此人十分吝啬,眼睁睁看着积累多年的财富要送给别人,十分舍不得,心有不甘。有些胆子大的人主动去见萧纪,请求封赏,萧纪则吓得不敢见,推脱说身体有病。

时间久了,大家心里都明白了,原来当初萧纪许诺给大家的金银财宝只是他画的一张张白饼。随后,梁元帝进行反攻,经此一骗之后的萧纪军离心离德,一触即溃。

最终,萧纪兵败如山倒,自己也被杀了。

萧纪的失败,确实不是因为军事实力的不足,而是因其吝啬的本性导致了人心的丧失。他虽然拥有大量的金饼银饼,本可以用来激励士兵,增强军队的战斗力,但萧纪却因为舍不得这些财物,没有将其作为奖赏发放给士兵。结果,这些金饼银饼在他手中只是成了象征性的"画饼",无法充饥,更无法提振士气。

在战争中,士兵们需要的是实际的激励和信任,而不是空洞的承诺。萧纪的吝啬让他失去了士兵的忠诚和支持,最终导致军队的分崩离析。一个领导者如果只看重物质而忽视人心,那么即使拥有再多的资源也是徒劳。因为古往今来，领导真正的力量来源于团队的凝聚力和忠诚度，而不是单纯的物质财富。

善谋者，绝不会被身外之物所累，无论是金银财宝还是高官厚禄，在他们眼里都是可以笼络其他人的资源。如果一个人总是抱着自己的财富不放，甚至到了关键时刻也不愿意分给别人，那么等待他的，将不是人间喜剧，而是身首异处。

先舍才有得，不舍便没有得

> 有舍才有得，这是古人经常告诫我们的道理。你要得到一样东西，首先就要做好失去一样东西的心理准备。天底下从来就没有白得的好事，如果没有春天的耕耘，就不会有秋天的收获。农民舍掉的是自己的时间与精力，得到的是粮食的回报。但是很多有才能的人却不懂得这个道理，最终闹出了一场又一场悲剧。

一个真正敢舍的人，通常会有所得，这就是所谓的"舍得"，小舍小得，大舍大得，不舍不得。这个世界上，一切的得失，都是一种合理的必然。有得之时，必会有所失；有失之处，也必会有所得。

放弃的程度往往与获得的多少成正比。当你只是小心翼翼

地放下一点点，你所能收获的也会相对有限；但如果你能够大胆地放手一搏，那么你所能得到的回报往往也会更加丰厚。然而，如果连最基本的放弃都做不到，那么世界也不会赐予你任何额外的恩惠。

每一次的得失，都不是偶然，而是一种自然而然的平衡。当我们在某个时刻获得了某些东西，可能同时也在不知不觉中失去了另一些东西；反之，当我们失去了某些东西时，生活总会以另一种方式补偿我们。这就是生活的公平社会中为人处世的法则。

范蠡被誉为道商鼻祖，个人的能力与智慧都很强，谋略过人，曾帮助越王勾践击败了吴国，一雪前耻。

吴国灭亡后，范蠡去了陶县隐居做生意，因此，后人也将其称为陶朱公。在陶县，他又生了一个小儿子。等到小儿子长大之后，有一天，他的哥哥——范蠡的二儿子在楚国犯了事，杀了人。按照当时的楚国法律，杀人者要偿命。

但是范蠡却有办法，他准备让自己的小儿子带着金银财宝前往楚国上下打点，希望能救出自己的二儿子。

就在小儿子上路之前，范蠡的大儿子哭哭啼啼地跑了出来，希望由自己带着金银财宝前往楚国，因为他觉得自己是大哥，有责任帮助自己的弟弟，怎么能让最小的弟弟去做这些事呢。

大儿子哭完，还说若是不让他去，他就自杀。这可吓坏了范蠡的妻子，于是劝范蠡："就算小儿子去，二儿子也未必能活下来，反而让大儿子白白死了，何苦呢？"

范蠡没有办法，只好让大儿子出门，临走之前，他写了一封信交给大儿子,让他到楚国后递给自己在楚国的朋友庄先生,并千叮咛万嘱咐,到了楚国一定要先去找庄先生,一切听从他的吩咐。

大儿子答应后便出发了。等找到庄先生后,大儿子给庄先生呈上了书信,送交了千金。庄先生心里有数,说:"你先赶紧回去,别在这里逗留。等你的弟弟出来后,你们也不要问东问西。"

大儿子离开庄先生的家后,并没有离开楚国,而是在楚都留下来,用他手中剩下的几百两金子去贿赂楚国的当权者。

庄先生进宫见了楚王,非常巧妙地让他大赦楚国。当大儿子得知此消息后,非常高兴,感觉弟弟很快就会被放出来了。可是他转念一想,自己的弟弟得救是因为楚王大赦,而那个庄先生似乎是可有可无。他非常舍不得之前送去的金子,于是跑到庄先生家里,要了回来。

庄先生原本打算等范蠡的二儿子出来后就将金子原封不动还给自己的朋友,谁知大儿子这么一番操作,弄得他很丢脸。于是他又跑去见楚王,让他先将范蠡的二儿子杀了,而后再大赦。

范蠡的大儿子最终迎回来的只是弟弟的一具尸体。范蠡得知此事后,仿佛早就预料到了这点,说:"大儿子并非不爱惜他的弟弟,他只是舍不得钱财。"

范蠡的大儿子本以为不用"舍"就可以"得"到弟弟被放出,却没想到因为自己的"不舍",导致了弟弟被杀。金银财宝再多,也只是身外之物,根本无法和弟弟的性命相比,但大儿子不明白这个道理,他舍不得,便也得不到。

很多人只是看到表面上的得失,认为失去一定都是不好的,

147

因此才会在"舍"的时候心有顾忌，不愿拿出去。实际上，古人早就告诉过我们"塞翁失马，焉知非福"的道理，有的时候，失去并不是坏的，反而可以是一件好事。

很久以前，在中国北方边陲的一个小村庄里，住着一位老人，被称为"塞翁"。塞翁以智慧和远见著称，村民们经常向他求教。

有一天，塞翁家的一匹马突然逃跑，越过边境，消失在了茫茫草原之中。邻居们听说这件事后，纷纷来到塞翁家，对他表示同情和安慰。然而，塞翁却平静地对大家说："这怎么就不能是好事呢？"村民们听后都感到非常惊讶，不明白他为何这样说。哪有人丢了马还如此淡定呢？

几个月后，这匹马不仅自己回来了，还带回了一匹骏马。这匹骏马品种优良，是胡人之地难得的好马。村民们再次来到塞翁家，纷纷向他表示祝贺，认为这次他真是得到了好运。然而，塞翁依然平静地回应道："这怎么就不会是祸患呢？"村民们又一次感到困惑，不明白他的意思。

过了一段时间，塞翁的儿子骑着这匹新来的骏马外出，由于马性烈难以驾驭，塞翁的儿子不幸从马上摔了下来，摔断了腿。邻居们又一次前来安慰，塞翁还是那句话："这怎么就不能是好事呢？"村民们对他的反应感到非常不解，哪有人会认为腿断了是好事呢？

又过了一年，边疆发生了战争，胡人大举入侵，许多年轻人被征召入伍，牺牲在战场上。然而，塞翁的儿子因为腿伤未愈，没有被征召入伍，从而避免了战争带来的生命危险。直到这时，村民们才恍然大悟，明白了塞翁之前所说的"焉知非福"的深刻含义。

人生的得失往往是难以预料的。有时候，看似不幸的事件可能会带来意想不到的好运；而那些看似幸运的事情，也可能隐藏着未知的风险。因此，在面对人生的起伏时，我们应该保持平和的心态，不要过于悲观或乐观，要学会从更广阔的视角审视问题。

也许，当我们明白了这个道理之后，下次再面对"舍"与"得"的问题时，心中才会更笃定。古今成大事者，都深谙其理。他们和普通人的差距其实并没有那么大，只是比普通人多明白几个道理。当你深刻理解"先舍才有后得，不舍便没有得"之后，与成功者之间的距离也就缩小了一步。

抓大放小，才是真智慧

世间事很多，我们不可能面面俱到。每个人的时间与精力都有限，不可能大事小事都能安排好，尤其是在特殊时期，比如换了一个新环境，或一件大事发生后。我们在这个世界上每天面对的事，都不是一道简单题，不是找到一个答案就万事大吉了，而是一道复杂题，我们要学会取舍，抓大放小，这本身就是一种智慧。

如果我们在小事上浪费了太多时间与精力，那么就只能对大事望洋兴叹。更何况，如果我们忽略了大事，或说没有意识到什么

是大事，那么就算我们解决了再多的小事也是白忙活。

这就好比一个人生了病，不去解决让自己生病的原因，而是一味地吃止疼片。那么就算他吃再多止疼片，不去管病因，到头来也是瞎折腾，白白浪费钱不说，还有可能危及自己的健康。

诸葛亮曾经说，治世以大德不以小惠。一个有智谋的人，会在别人注意小事时，从大处着眼；别人看得近，他会看得远；别人愈忙而事情愈乱，他会不动声色把事情自然理顺；在别人束手无策的时候，他会游刃有余，思路深入无声无息的细微之处，举动却出乎人们意料之外。

这样再困难的事情，对于他都会易如反掌，再多的问题他都可一笑置之。醉心于大事业，就难免在小处疏忽；而光在小处着眼的人，就会忘了大利害。

公元前206年，秦朝的统治已经名存实亡，天下大乱，群雄并起。在这样的背景下，刘邦凭借着他的智慧和胆识，逐渐在乱世中崭露头角。他在攻占咸阳后，面对的是一群疲惫不堪、士气低落的士兵，以及一个急需治理的混乱局面。

面对千疮百孔的烂摊子，刘邦不知该从哪里下手。他知道，要想在这乱世中站稳脚跟，必须赢得人心，而赢得人心的关键就在于法治。于是，他和智囊们决定制定一系列简单明了的法律，以此来规范军队的行为，稳定社会秩序。这就是历史上著名的"约法三章"。

"约法三章"的内容非常简单，只有三条：杀人者死；伤人及盗抵罪；余悉除去秦法。这三条法律虽然简洁，但直击要害。

这三条法律一经颁布，立刻得到了广大咸阳百姓的拥护。紧接着，刘邦又派出了大量官员，到各县各乡去宣传普及"约法三章"的内容。

三秦之地的老百姓十分高兴，对刘邦的好感也急剧上升，这为他日后击败项羽，建立统一的大汉王朝奠定了最坚实的民意基础。

刘邦无疑是一个聪明人，他懂得"抓大放小"的道理。面对战乱之后的断壁残垣，面对多如牛毛的秦律，刘邦如果是一条一条地加以修改，不知要修改到猴年马月。更何况，当时他也没那么多时间，因为对手项羽马上也要来到咸阳与他相会了。

善谋者，知道什么是大事，什么是小事。在危急关头，在局势动荡时期能够敏锐抓到那个"大"，而不是什么都抓。

东汉末年，天下大乱，又是民不聊生。汉献帝刘协几经董卓、李傕与郭汜的压制，威望大不如从前。

汉献帝好不容易逃出长安后，犹如丧家之犬，虽然身边跟随了忠心耿耿的官员，但日子过得苦极了，连饭都吃不饱。

这时，袁绍与曹操都得知了汉献帝的动向，但最终两方的选择却大相径庭。

袁绍的谋士沮授觉得这是一个大好机会，应该将天子迎到自己地盘上来，但是郭图和淳于琼却反对。他们的理由是：现在汉室衰微，迎过来有什么用？再者，天子来了，袁绍的自由就没了，因为袁绍做什么事都要向天子汇报，岂不是给自己安上了一个囚笼吗？

反观曹操，尽管曹操底下也有一些反对迎接天子的声音，但他最终还是采纳了毛玠与荀彧的建议，亲自出马，将汉献帝接到

了自己的地盘上。

按理来说，袁绍距离天子更近，但天子却被比自己远的曹操接走了。难道曹操就不怕给自己装上一个囚笼吗？

事实上，曹操看得比袁绍更远。在中国历史上，皇权总是至高无上的，就算是遇到像三国这样动荡的时期，天子本身就具有一定的合法性和崇高性。曹操将天子握在自己手中，今后无论他要做什么，都可以以天子的名义行动。这点，是袁绍没想到的，或者说想了却没想通的，因为他总是纠结于一些细枝末节。

相比于"师出有名"，其他都是小事。

曹操比袁绍善谋，知道什么是大什么是小，什么是重什么是轻。所以最后他击败了比自己强大的袁绍，统一了北方。

再者，这世间哪有两全之策，很多时候都是"两利相权从其重，两害相权从其轻"。成大事者，若是连这个道理都不明白，他还能成什么事呢？

甘当"配角"也是一种气度

我们每个人都想成为这个世界的主角,至少在自己的圈子中是万众瞩目的焦点。这是人的天性使然。但是,每个人都想成为主角,主角的位置却是有限的。一来,这客观上就造就了不可能人人都是主角的局面;二来若是自己成了主角,自己被聚光灯包围,自己痛快了,但别人就不痛快了。

"让"是一种智慧。

将主角的位置让给别人,自己甘当一个配角,这需要勇气,需要气度,更需要智慧。真正成大事者,都在有意无意运用这条智慧。他们的谋,在于放低自己的姿态,让别人上位。

为什么像冥想、阅读这些活动会把人变好、变智慧呢?一个最重要的原因就是这些活动会让你跟一些比自己更大的东西接触,让你意识到自己只是大自然的一部分,你不是世界的中心,更不是所有场合下的主角。

还有一点,当聚光灯围绕着你的时候,你的行为会"变形",动作会浮夸,这反而让自己处于一个不自然的状态。因此,不把自己当主角,有的时候甘当配角,反而能让你发挥得更好。

比如你可能有过这样的经历：跟人进行了一场挺重要的对话，回来以后不停地反思，自己今天表现得够不够好？哪句话说对了，哪句话说的不对？今天表现是不是太蠢了？其实真正的愚蠢，是你只关心自己在那番对话中的表现。你没有把对话看作一个有多方参与的、有机的整体。

历史上，有很多有成就的人都有这样的觉悟。

比如，周公旦。

周公旦是西周开国元勋，周文王姬昌的儿子，周武王姬发的弟弟。

周武王在伐纣克殷、建立周朝没多久后就去世了，临终前将周公旦任命为摄政王，辅佐年幼的周成王治理国家。

周公旦担心天下诸侯因为周成王年幼而反叛，因此就替成王代为处理政务，主持国家大权。

周公旦之所以这么做，并不是因为他觊觎周成王的位置，企图将他赶下台，而后自己当周朝的主角，而是因为客观环境不得不如此。

管叔、蔡叔勾结纣王的儿子武庚，发动了叛乱，史称"三监之乱"，周公旦奉成王之命，前去平叛。最终不仅消灭了反叛势力，还顺带灭掉了奄国等五十多个国家，稳定了天下的格局。

除此之外，周公旦制礼作乐，不仅改造了殷人的祭祀典礼，还涉及了意识形态和社会制度的各个方面，制定了"经礼三百，曲礼三千"，用以维护社会稳定。

在周成王年幼的时候，他还无法管理朝政，一切都是由周公旦代理。但周公旦心里始终明白，天下的主角不是自己，而是天子。因此等到周成王年纪稍大，也是他摄政的六年后，将大权交还给了天子。还政前，周公作《无逸》，以殷商的灭亡为前车之鉴，告诫成王要先知"稼穑之艰难"，不要纵情于声色、安逸、游玩和田猎。然后"还政成王，北面就臣位"。

周公旦在国家危难的时候，不避艰辛挺身而出，担当起王的重任，但是等到国家转危为安，开始顺利发展的时候，毅然交还政治大权。周公旦一时担任主角并不是为了自己，而是为了天下苍生。

正因为周公旦始终不忘自己的角色，甘愿充当配角，才造就了中国历史上的一段美谈，才能在后世不断受人尊敬与敬仰。

试问，如果他利欲熏心，有当主角的念头，他在后人的心目中还是如今的形象吗？

再退一步，周公旦若是想当主角，他真的就能顺利当成吗？不会造成当时的天下再次大乱吗？到时，他可就成了一个千古罪人，任后人唾弃。

齐国的管仲和齐桓公小白是中国历史上最出名的一对黄金搭档。前文也讲过，齐桓公不计前嫌，重用之前给自己造成生命威胁的管仲，方才成大业。

然而，很多人不知道的是，将管仲介绍给齐桓公的，是鲍叔牙。

鲍叔牙和管仲很早就认识，两人曾一起做过生意。后来，管仲辅佐公子纠，鲍叔牙辅佐公子小白。

小白当上齐国国君后，就打算好好重用自己的老师，这也是人之常情。可谁料，鲍叔牙却说："我有一位朋友，他的能力强于

我百倍，您应该重用他。"

齐桓公顿时来了兴致，急忙问道："是谁？"

鲍叔牙不紧不慢地说道："管仲。"

鲍叔牙随后给出了自己的理由，说管仲当时那么做是因为他要忠于公子纠，若他是国君的臣子，也必定会像之前那样忠于国君。

齐桓公觉得很有道理，于是就赦免了管仲，将他从鲁国带回了齐国，并委以重任。

果然，君臣二人在今后的合作中造就了春秋第一霸，也造就了一段君臣佳话。

很多人都认为管仲很有能力，齐桓公很大度，却往往忘记了鲍叔牙的气度和胸襟。

鲍叔牙本来是有机会当主角的，但他将这个位置让给了自己曾经的朋友管仲，并且两人在不久前还处于敌对关系。

试问，如果当时在面对齐桓公的时候，鲍叔牙毫不推让，答应主公的任命，那么还会有未来的霸主齐桓公吗？

这就要打一个大大的问号了。

按理来说，就算鲍叔牙不推荐管仲，自己往那齐国大官的位置上一坐，都是合乎情理的，更何况鲍叔牙本身也是有能力的。但这样的结果，很可能让齐国失去未来称霸的机会，也会让齐桓公在历史上成为一个默默无闻的齐国君主。

有些人是有当主角的能力，但没有当主角的念头。而有些人是知道自己没有当主角的能力，因此没有非分之想。这两类人都是聪明人，就怕是没有当主角的能力却非得要当主角，不仅显得斤斤计较，毫无气度，还会葬送自己的一生。

无论是周公旦还是鲍叔牙，他们的谋略不仅保全了自己的名声，也将自己所属的势力带上了一个新的高度。

有的时候，并不是身居主角的位置才算善谋。真正的善谋者，也可以很低调。

我们要看到表面上的谋略，也要看到善谋者背后的气度。

好汉要懂得吃"眼前亏"

> 如果一个人不懂得吃眼前亏，那么他很有可能会在未来吃更大的亏。这是很多人都能明白的道理，但就像老子所说："天下莫不知，莫能行。"

难的不是知道，而是做到。

知道的人，都是普通人，而做到的人，才是真正的谋略家。

南宋时，有一个卖肉的屠夫，为了赚钱，他特意去秤店专门定做了一把"缺斤少两"的秤，他要求做秤的人把这杆秤做成每斤少一两，就是把十六两做成十五两（秦始皇统一度量衡规定一斤等于十六两，因此"半斤八两"这一制度在中国封建社会沿用长达2000多年），屠夫用这种"少一两的秤"居然把生意做得红火起来。

几年后，赚到了大钱的屠夫想起了给他做这杆秤的师傅，于是带着礼品去酬谢。做秤的师傅看到了他，却没有接受他的道谢和礼品，而是对他说："要谢就谢你的妻子吧，你那天刚从我这儿走，她就到我这里来，并且告诉我不要做那种伤天害理的秤，还嘱咐我一定要做一把'多一两的秤'，把十七两当成十六两用。"

屠夫听到"真相"后面红耳赤，惭愧之余，也悟到了真正的生意经。

其实，人生何尝不是做生意。无论是身居官场还是职场，无论是平平安安度过自己这一生还是豪情万丈要干一番事业，都如同这门生意经所讲的：真正的聪明人要懂得吃亏。

杨士奇是明朝学者，历任五代的重臣。他虽然早年丧父，家境贫寒，但为人谦恭礼让，以正理待人，勤奋好学，从不存偏见，受到历代君臣的称赞。

自明惠帝以后多年，杨士奇历任少傅、大学士，他在政治、经济上的待遇都已经非常好了。明仁宗即位之后，让他兼任礼部尚书，不久又让他兼任兵部尚书。面对如此浩荡皇恩，杨士奇心中很是不安，向仁宗皇帝要求辞谢，他说："我现任少傅、大学士等职务，再任尚书一职，确实有些名不副实，更怕群臣背后指责。"

仁宗皇帝很不理解，一般人都嫌自己身上的官位和俸禄太少，怎么还会有人嫌多呢？于是劝解道："黄淮、金幼孜等人都是身兼三职，并未受人指责。别人是不会指责你的，你就不要推辞了！"

杨士奇见君命难违，不能再推，就诚心诚意地请求辞掉兵部尚书的俸禄。他认为，兵部尚书的职务可以担任，工作也可以做，但丰厚俸禄不能再接受。

仁宗皇帝说："你在朝廷任职二十余年，我因此特地要奖赏你，才给予你这种经济待遇，你就不必推了。"

"尚书每日的俸禄可供养六十名壮士，我现在获得两份俸禄都已觉得过分了，怎么能再加呢？"杨士奇再三解释说。

这时，身旁的另一名大臣顺势插话劝解说："你应该辞掉大学士那份最低的俸禄嘛。"杨士奇说："我有心辞掉俸禄，就应该挑最丰厚的来辞，何必图虚名呢？"仁宗皇帝见他态度这样坚决，的确是出于真心，最终答应了他的请求。

有些人看到杨士奇的例子，会觉得他太可惜，白白的俸禄不要，近在眼前的便宜都不占。但是杨士奇可不这么想，他是一个知足常乐的人，甚至，这些在他看来都不算吃亏。

退一万步讲，就算杨士奇放弃俸禄是一种吃亏，但他的这次吃亏是非常聪明的，因为他背后得到的更多。

正因为他主动让利，才使皇帝觉得他忠诚可靠，一心为国，不谋私利，是靠得住的大臣。这也是他能够在钩心斗角的朝廷中安然度过五代的根本原因，哪一个做皇帝的不想用一个可靠的臣子呢？

难道你不觉得跟那些俸禄比起来，杨士奇在皇帝心中以及后人心目中的形象才是他真正的"得"吗？

吃了那点儿眼前亏，得到一般人拼尽全力都得不到的尊重，不也很划算吗？

而三国时期的大名士祢衡则是一个不懂得"吃亏"导致自己惨死的经典例子。当然，我这里所说的"吃亏"，是他嘴很臭，

总是要占别人嘴上的便宜。祸从口出，很多时候也是因为不懂得"吃亏"。实际上，不总是在嘴上占别人便宜，也是一种智慧。

东汉末年，天下大乱，百姓们流离失所，很多上层人士也过着流浪的生活，祢衡早年便是这样过来的。

196年，诸多在外流浪的士人来到了天子所在地——许昌，企图一展宏图，祢衡也跟着来了，但一直没有机会。曾有人劝他，为何不去投奔陈群或司马朗，让他们引荐一下？祢衡冷着脸回绝了，因为在他眼里，陈群与司马朗也不过是杀猪卖酒之徒。

既然如此，那荀彧与赵融也不可以吗？

"不成不成，荀彧整天哭丧着脸，我若是去服丧，或许可以借用一下他的脸。至于那个赵融吗？呵呵，让他当个小厨子还是可以的。"

在祢衡眼里，当时也就孔融与杨修还算人才，至于其他人，皆不值一提。他就是一个嘴上不愿吃亏的人。

孔融多次向曹操推荐祢衡，曹操是一个爱才的人，对祢衡赞赏有加，然而祢衡却很不喜欢曹操。曹操多次拜访祢衡，吃了很多次闭门羹。

有一次，曹操大宴宾客，欢声笑语之中，只有祢衡一人苦着脸。酒足饭饱之后，曹操决定要好好羞辱一下祢衡。

祢衡擅长击筑，曹操便让他去表演。可祢衡没有换击筑时专门穿的服装便上前去演奏，顿时，场上响起了《渔阳》，筑声悲壮，听得众人皆为之震撼。

表演结束，祢衡来到了曹操跟前，旁边的人怒斥道："你怎么不换衣服？"

祢衡大笑一声，只答一声"好"。

接下来的一幕让众人都大吃一惊，因为祢衡当众换衣，将自己的裸体示于众人。

祢衡换好衣服后，便转身离开了，表情一点儿都没有变化。

曹操见状，酒醒了大半，苦笑道："我本来想羞辱祢衡，没想到却被他给羞辱了。"

事后，祢衡一句道歉也没有，反而又戏弄了一番曹操，在他家门前破口大骂。曹操在屋内听得真真切切，听得怒发冲冠，听得杀气腾腾。

可是，曹操若是杀了祢衡，天下人都会笑话他没有雅量，连一个名士都容不下。曹操比祢衡聪明，不愿吃这个亏，于是将他送到了刘表那里。

在送别祢衡的时候，大家都到了城外，祢衡却哭了。不是因为他幡然醒悟了，也不是因为他舍不得，而是当场送行的人都不成样子。有的人躺着，有的人坐着，完全就是做做样子，人到心未到。

祢衡也不是感慨自己受了冷遇而哭，而是嘲讽道："坐着的人像坟墓，躺着的人像尸体，我在坟墓尸体之中，焉能不哭？"

来到刘表处，刘表一开始非常欣赏祢衡的才能，将他奉为座上宾。有一次，刘表与朋友共同写了一封奏折。等到祢衡回来，他匆匆扫了一眼奏折后就将其撕得粉碎。

撕了奏折后，祢衡立即提笔挥墨，洋洋洒洒，将一篇奏折一气呵成，令在座的刘表等人钦佩不已，全然忘了之前羞辱之事。

只是，时间久了，刘表着实消受不起。

荆州也容不下祢衡，刘表又将其打发至江夏太守黄祖处。

黄祖是一个军人，没有多少文化，却也对祢衡钦佩有加。祢衡的确是有能力的，帮黄祖处理文书方面的事，可谓是手到擒来，如行云流水。

黄祖的儿子叫黄射，与祢衡关系甚好。有一次，别人送了他一只鹦鹉，黄射非常高兴，大宴宾客，并让祢衡为其写一篇赋文。祢衡提笔就写了一篇《鹦鹉赋》，又是一气呵成，让在座的各位都瞠目结舌。

有一次，黄祖宴请众人，席间祢衡依旧出言不逊，得理不饶人，惹得黄祖十分不悦，动了杀心。祢衡全然不顾在座的旁人，开口就骂，嘴上一点儿亏也不吃，黄祖最后忍无可忍，下令将其推出去斩首。

等黄祖见到祢衡的人头时，黄射也赶到了。黄射在听到消息后，鞋子都来不及穿，急忙跑来求情，可为时已晚。

祢衡的嘴，永远闭上了。

很多人都明白吃亏是福的道理，却忘记了嘴巴也要有"吃亏"的意识，否则一切的努力都将化为泡影。

如果祢衡在当时能够在嘴巴上多让着别人一点儿，不那么"语出惊人"，他的结局必定不会那么悲惨。至少，"留得青山在"，才能"不怕没柴烧"。

我们可以理解祢衡的立场，以后人的姿态包容他狂妄的性格，但也要引以为戒。善谋者，能让他人下得来台，也不会让别人触碰自己的底线，这就已经足够了。至于嘴巴上的便宜，占了又有何用呢？

第八章
难得糊涂,大智若愚

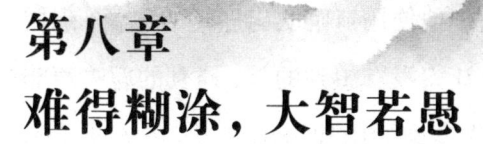

别卖弄小聪明

真正的智慧与谋略不是抖机灵,不是卖弄小聪明。你的小聪明可能在自己看来是加分项,是自己的高明;但在其他人眼里,很可能是减分项,甚至是令人厌恶的原因。

真正的智慧藏于无形,正如老子所言:"大音希声,大象无形。"

我先讲个寓言故事。

据说,山狸是鹿的克星,而山狸则害怕老虎,老虎怕马熊。楚国有一个猎人,他的打猎本领并不是很强,但他是一个很会耍小聪明的人。在打猎的过程中,他用竹管削成口哨,能逼真地模

仿各种野兽的叫声。他的这项技能非常强，模仿动物叫声可谓惟妙惟肖，到了以假乱真的地步。他经常通过学一些动物的叫声，吸引另一些动物，而后将它们捕杀。

有一次，他带着弓箭、火药等装备上山打猎，突发奇想，想打到一些难得的动物。于是，他便用口哨吹出鹿鸣的声音，想用这个办法把鹿引来。但是，让人没有想到的是，逼真的鹿鸣声非但没有引来鹿，反而把想吃鹿肉的山狸引出来了。猎人吓了一跳，急忙又学老虎的叫声。山狸是吓跑了，但逼真的虎啸又招来了一只老虎。

猎人更慌了，急忙吹出马熊的吼声，把老虎吓跑了。他刚想喘一口气，一只张牙舞爪的马熊闻声寻来。这个只会耍小聪明的猎人再也吹不出别的野兽叫声来吓唬马熊了。他魂飞魄散，瘫成一团，任由马熊扑上来把他撕成了碎块儿。

真正的善谋者绝不会像上面这个猎人一样，爱耍小聪明，他们会引蛇出洞，但不会让自己陷入危险的境地。

《三国演义》中的杨修便是被自己的小聪明送去见阎王的人。

杨修，字德祖，是东汉末年著名的文学家、政治家，也是曹魏的重要谋士之一。他年轻时便以才学闻名，被曹操看中并招入麾下。杨修的确有过人的才智，他的文采斐然，机智过人，在曹操手下多次出谋划策，为其解决了不少难题。然而，也正是这些才华和智慧，为他日后的悲剧埋下了伏笔。

杨修虽然才华出众，但也有缺点，那就是过于自负，喜欢卖弄小聪明。在曹操面前，他总是想要显示自己的才智，希望能够得到更多的赏识和重用。然而，这种行为却让曹操感到不快，因为曹操本身就是一个极具智谋的人，他不喜欢别人在他面前过分炫耀自己的才智，尤其是当他感觉到这种炫耀是在挑战他的权威时。

有一次，曹操新建了一座花园。建成时，曹操前去参观，没有任何夸奖和批评，就叫人取了一支笔在花园门上写了一个"活"字便走了。大家都不理解其中的含义。杨修看穿了曹操的心思，对工匠们说："'门'添活字，就是'阔'字，丞相是嫌你们把花园门造得太大了。"

于是，工匠们重新建造园门，完工后再请曹操去观看。曹操看了之后很喜欢，问道："是谁知道了我的意思？"工匠们回答："是杨修！"曹操虽表面上点头称赞，但心底却开始嫉恨。

还有一次，塞北进贡给曹操一盒酥。曹操没有吃，而是在盒上写了"一合酥"三个字放在案头。众人见了都不知道曹操是什么意思，杨修很快就又看懂了曹操的心思，竟二话不说将盒子打开，和大家一起把酥吃完了。曹操回来后见到这一幕，便问其中原因，杨修回答："盒上明明写着'一人一口酥'，怎么敢违背丞相的命令呢？"（古人写字都是从上往下写）

曹操虽然嬉笑，心里却开始厌恶杨修。

曹操怕有人暗害自己，经常吩咐侍卫们："我梦中好杀人，凡是我睡着的时候，你们切勿靠近我！"

有一次，曹操白天在帐中睡觉，近侍走进营帐，颇为关心地上去为曹操盖被子。曹操立即跳起来拔剑把他杀了，然后继续上床睡觉。等到曹操起来的时候，发现地上躺着一具尸体，假装吃

惊地问:"他怎么在这?谁杀的?"

大家如实相告,曹操闻之痛哭,命人厚葬近侍。

人们都以为曹操果真是在梦中杀人,只有杨修明白其中的猫腻,下葬时叹惜地说:"不是丞相在梦中,而是你在梦中呀!"

曹操听到后更加厌恶杨修。

这些事情累积起来,曹操对杨修的不满逐渐转化为深深的嫉恨。他认为杨修不仅没有把他放在眼里,而且还在暗中挑战他的权威。终于有一天,曹操找到了一个机会将杨修处死。

汉中之战时,曹操与刘备对峙,曹操打不赢刘备,且被诸葛亮弄得很是头疼。一天夜晚,厨师给曹操做了一碗鸡肋,恰在此时,夏侯惇来向曹操讨要今天夜间的口令。曹操随口说了一句:"鸡肋。"

于是夏侯惇出帐,将口令告诉了大家。杨修听说后,立即回到自己的营中打包行李,众人也都跟着做。夏侯惇便问杨修:"你这是在干吗?丞相没说要撤退啊。"

杨修不紧不慢地说:"从今夜丞相的口令来看,我便知道不久就要退兵了。鸡肋鸡肋,食之无味,弃之可惜,丞相的心情有如鸡肋。我想,退兵就在近日了。所以先打包行李,免得到时候陷入慌乱。"

夏侯惇一直以来就很佩服杨修,听他这么一说,果然也照做。曹操晚上出来看到大家都在打包行李,非常疑惑。最终探知到事情的来龙去脉,大怒,将杨修以"蛊惑军心"为由推出去杀了。

杨修的死,可以说是他自己造成的。他的才华和智慧本可以让他有一个光明的未来，但他却因为过于自信，喜欢卖弄小聪明，最终触怒了曹操，导致了自己的悲剧。

耍小聪明的人往往有两种灾祸，一种是被人猜忌防范而招祸，另一种是自己把事情办坏而不能成功。小聪明也许可以使人得意一时，获得心理上的满足，然而终究还是会自毁前程，永远不可能获得真正的成功。

聪明能造就一个人，也能毁灭一个人。不识时务，过分地展露自己的小聪明，非但派不上用场，还会弄巧成拙、惹祸上身。

真正聪明的人凡事都能把握一个"度"，不会过分展示自己的聪明。只有一般人才会什么都想往外释放，想让别人看到，但善谋者很早就学会了藏的妙处，藏住自己的心思，藏住自己的聪明，藏住自己的大志。

下次当你想卖弄小聪明时，不妨想想杨修的下场，多半就能避免很多无谓的麻烦。

一个人若麻烦太多，他又怎能成事呢？

"糊涂"也有大智慧

我们常常用"你好糊涂"来说一个人的不是，但有的时候，糊涂也是一种大智慧。聪明人不要总想表现出自己的聪明，而要学会藏住自己的锋芒，甚至必要的时候还要装糊涂。

适时地装糊涂是一种达观、一种洒脱、一份人生的成熟、一份人情的练达。

我们常常被那些锋芒毕露、才智过人的英雄所吸引。然而有时候，那些看似"糊涂"的智者，他们的行为和选择，却蕴含着更为深邃的智慧。真正的智慧，有时候恰恰来自那些看似不显山不露水的"糊涂"之中。

"糊涂"有时候是一种谦逊，是一种对复杂世界的敬畏。它让我们保持低调，避免不必要的冲突和矛盾。同时，"糊涂"也是一种自我保护，让我们在面对复杂多变的局势时，能够保持清醒的头脑，做出更理智的判断。

真正的力量，并不在于一时的聪明和才智，而在于长期的积累和沉淀。它让我们明白，有时候，放下自我，放下小聪明，才能获得更大的智慧。

西汉开国功臣曹参本来是沛县里的一名小吏，后来秦末大乱，跟着刘邦共同起义，攻城略地，"身被七十余创"，是一位十分勇猛的将领，为汉朝的建立立下了赫赫战功。

汉朝建立后，萧何被立为丞相，曹参与萧何两人很早就跟随了刘邦，因此二人也都彼此熟悉。在萧何临终前，皇帝问他："你走之后，谁能接替你的位置呢？"

萧何推荐了曹参。

由于汉初刚刚经历了秦末的动乱，整个社会处于一片废墟。因此，在丞相之位上的萧何采取休养生息的政策，让百姓们安居乐业，很得人心。

曹参当上丞相后，找了一些老实厚道的人当下属，而把那些精明干练的人全部赶走，然后就什么也不干了，"日夜饮醇酒"。

其他大臣见状，心里都暗想曹参太糊涂了，待在高位上却不关心下面，整日喝酒，喝醉了就睡觉。但是大家都知道曹参不是酒罐子，便都想劝他。不过，他们刚见到曹参，还没开口，曹参就将他们拉进屋内一起喝酒，将想来劝自己的人灌醉了。

汉惠帝刘盈见到曹参如此，也很不理解，但知道他是跟随父亲一起打天下的人，是功臣，因此给他留了面子，不好直接说他。但事情不能一直这样下去，怎么办呢？

刘盈找到了曹参的儿子，让他回去问问父亲究竟是怎么了："高祖皇帝刚刚去世，现在朕还年轻，为何你父亲当了丞相，却整天喝酒，是不是觉得朕少不更事，不值得辅佐呢？"

曹参的儿子回去后，刚开口，就被父亲抽了两百鞭子。曹参

说：“国家大事没有你说话的份！”

刘盈非常无奈，没想到曹参的脾气这么暴躁，现在害得帮自己去问的人无缘无故被打了一顿。于是，他亲自找来曹参问他。

曹参这才免冠谢过，不过没有回答，而是反问道："陛下，您觉得您与高皇帝相比，如何呢？"

刘盈急忙说道："这哪能比呢？"

曹参再问："那陛下您觉得我和萧何相比，又如何呢？"

刘盈说："你似乎也比不上他。"

曹参又说："陛下说得对啊，先帝和萧何已经定了天下，法令既明，今陛下垂拱，参等守职，遵而勿失，不亦可乎？"

这就是"萧规曹随"的故事。刘盈听后恍然大悟。曹参就这样为相三年之久，老百姓歌颂道："萧何为相，顺若画一，曹参代之，守而勿失，载其清静，民以宁一。"

无疑，曹参并不糊涂，而是装糊涂。他知道自己的能力不如萧何，因此就不要小聪明，而是按照前人铺设的道路继续走。要做到这一点是非常难的，因为有个俗语叫"新官上任三把火"，谁都想在自己的位置上做出一点儿不同于其他人的成就，但往往很多时候都是瞎折腾。

除此之外，"难得糊涂"可以使人看到缺点，增强放心感。装糊涂，让自己处于"不知道"的角色只不过是为了今后处理事情时更加方便，但这并不是意味着自己真的什么都不知道或者不应该知道，也不代表自己不去了解情况，没有掌握信息。这才是真正的大智若愚。

北宋时期的吕端历来被称为"糊涂宰相"。

吕端最初以官二代身份做了北周的著作佐郎。北宋建立之后，吕端历任成都知府、谏议大夫、参知政事。

等到宋太宗赵光义继位后，想提拔吕端为宰相，然而有人反对，说："吕端这人糊涂啊！"

吕端平时给人的印象就是糊涂，现在要升职为宰相，成为百官之首。宋太宗却说："吕端小事糊涂，大事不糊涂！"

这一次，"糊涂"的吕端拒绝了，他将宰相之位让给了寇准。

有一次，吕端出使高丽，在坐船的时候，突然遭遇了风暴，大风吹断了桅杆，大家都吓坏了，但是吕端却毫不在意，在一旁安安静静地看书。

现在，问题来了，吕端真的是糊涂吗？其实，这正是他具有智慧的表现，虽说船只遇到了风浪，命悬一线，但这是人力所不能控制的。如果这个时候便显得急躁，反而可能会坏事。

当时，宋朝在西北方向面临来自西夏的军事压力，西夏人李继迁不再听命于宋朝。有一次，宋军俘虏了他的母亲。宋太宗准备杀掉她，于是找宰相寇准商议。

寇准从皇宫走出来，遇到了吕端，将此事告诉了他。吕端觉得事情重大，于是亲自上朝奏本，提出不要杀害李继迁的母亲。

吕端认为，就算把李继迁的母亲杀了，也扭转不了他不听话的现实，更何况还会结下梁子。宋太宗便问："那又当如何呢？"

吕端建议，将她放到延州去，派人好好护养，以此招揽李继迁回心转意，不再造反。这样一来，虽说李继迁不可能马上就降

宋，但是宋朝便可用他母亲来拴住他的心。

宋太宗觉得这是一个好主意，心想吕端在大事上可真是一点儿都不糊涂。于是，皇帝采纳了他的意见，将李继迁的母亲放在延州，并派专人侍奉起来，直到病死延州。后来李继迁也死了，其子李德明念在宋朝宽容对待他祖母的情分上，就暂时归顺了宋朝。

吕端一生经历了三代帝王，宦海生涯四十年，几乎没遇到大的坎坷和打击，这在古代封建王朝是非常少见的。

不得不说，这和他在个人利益面前的"糊涂"，在大局上的"不糊涂"是有很大关系的。

明代思想家李贽曾自题一联——"诸葛一生唯谨慎，吕端大事不糊涂"，意在通过诸葛亮和吕端为人处世的方式来告诫世人。因此，需要明白的是，糊涂不是让你一直糊涂，而是在小事上可以糊涂，在关键时刻若是糊涂，那可就真是一个无可救药的糊涂蛋了。

古今善谋者，处处精明者少，难得糊涂者更少。若是分不清何时该糊涂，何时不该糊涂，那又能谋什么呢？

投机取巧要不得，聪明反被聪明误

> 这世上有没有捷径可以走？成功之路能不能少走一点儿弯路？
>
> 答案是肯定的，有。但相应地，也要付出代价。
>
> 生活中，我们会看到很多投机取巧之人，认为他们很聪明。实际上，他们的聪明都只是小聪明，而小聪明，很多时候是害人的。

无论多么聪明的人，算计得多么厉害，都无法永久地欺骗所有人。更何况，人们既然生活在同一个社会中，就会有一些需要共同遵守的基本规则和道理。

一个人若总是想着靠投机取巧取胜，那么他就会背离本质，越走越远。再者，就算一次投机取巧成功了，下一次还能成功吗？谁也说不好。

很多聪明人反被聪明误，说的就是这个道理。在善谋者看来，这种聪明都只是一时的，而且很可能会将自己带入万丈深渊。

君不见，多少自以为聪明的人将自己送进了牢房。

君不见，多少投机取巧之辈将自己送去见了阎王。

君不见，多少见风使舵之徒的人生之路漆黑茫茫。

刘邦与项羽争夺天下的时候，有一次，刘邦率军在彭城与项羽发生了大战，结果被项羽击败。仓皇之下，刘邦选择了逃跑，只带了一小支人马跑了。项羽派丁公率军追击。

眼看丁公快要追到刘邦了，刘邦急中生智，转过头对丁公说："我们都是优秀的人，何苦互相为难呢？"

丁公听到刘邦这句话，小心思便活络起来。万一自己追上了刘邦，将他带回去，项羽要是杀了他倒还好，万一没杀，日后可就与他结下了梁子。目前两人争天下，最后谁输谁赢还不好说呢。

因此，丁公决定两边下注，竟然带着人马回去了。

司马光在《资治通鉴》中用"怀私结恩"来评价丁公的心态，意思是说丁公怀着私心，向刘邦示好，给自己留后路。

回去后，丁公向项羽表示，自己没追到刘邦，让他跑了。

若干年后，刘邦击败项羽，夺得了天下。很多当年誓死追随项羽的人，担心被刘邦报复，都隐姓埋名，甚至还有人卖身为奴以躲避祸灾。

这时，丁公却很高兴，不仅没有东躲西藏，反而还正大光明地来找刘邦，希望刘邦能记得自己当年放他一马的恩情，给一个封赏。

没想到，刘邦非但没有感激他，反而下令将他杀了。

难道刘邦是一个忘恩负义之徒吗？

当然不是，刘邦杀丁公自有他的理由。他说："丁公身为项王的臣子，是不忠的，使项王失了天下。"

试想，若是刘邦放过了丁公，并且感谢他当年的救命之恩会怎样呢？

其一，刘邦会带坏天下风气，让天下失去一个基本的道德观。因为丁公当年毕竟是项羽的臣子，奉命追击刘邦，刘邦可以求饶，但丁公如果对项羽尽职尽责，就不该听信他的话，至少要将其带到项羽面前。

其二，这是在告诉自己身边的人可以对自己不忠。以后碰到类似的事情，他们会不会也效仿丁公？

很显然，丁公的投机取巧可能会让他觉得自己很聪明，但在别人看来，就会非常反感。

在《三国演义》中，蒋干也是一个聪明反被聪明误的例子。

蒋干是曹操麾下的谋士，以其机智和口才著称。

赤壁之战前夕，曹操在长江北岸积极备战，意图一举消灭南方的孙权。蒋干自告奋勇前往东吴，表面上是为了与旧友周瑜叙旧，实际上是为了刺探军情。

蒋干信心满满地前往东吴，认为自己的智谋足以应对一切。然而他万万没想到，等待自己的是周瑜精心布置的一个局。周瑜早已洞悉蒋干的真实目的，于是决定利用蒋干的自信和小聪明设下陷阱。

周瑜先是热情地迎接蒋干，与他畅谈往昔，并故意透露出一些虚假的军事信息，让蒋干误以为自己已经掌握了东吴的机密。蒋干心中暗自得意，认为已经成功地完成了任务，却没有意识到自己早已落入了周瑜的圈套。

随后，周瑜假装醉酒，故意将一封伪造的信件遗忘在蒋干容

易发现的地方。蒋干发现了这封信，信中详细描述了东吴将领蔡瑁、张允与曹操暗中勾结的内容。蒋干以为自己得到了宝贵的情报，迫不及待地返回曹营，将信件交给了曹操。

曹操看信后，对蔡瑁、张允产生了怀疑，最终将两人处死。这一举动不仅使曹操失去了两名得力的水军将领，更重要的是，这极大地动摇了曹军的军心，为后来赤壁之战的失败埋下了伏笔。

蒋干的错误在于过于自信，他认为自己能够洞察一切，却没能看穿周瑜的计谋。他的聪明反而制造了他的盲点，让他在不知不觉中走上了失败的道路。

其实，这样的例子在历史上比比皆是。在朝堂之上，不乏有人通过巧言令色、结党营私来获取权力。他们或许能够在一时间迷惑君王，操纵朝政，但这样的成功往往基于空中楼阁。一旦真相大白，或是局势有变，这些投机者便会成为众矢之的，身败名裂。

比如春秋时期的智伯，他以智谋著称，但却因为过于自信，试图通过联合其他诸侯来削弱晋国的实力，最终被识破，导致了自己的灭亡。

投机取巧并非长久之计。真正的智慧在于深谋远虑，审时度势。一个出色的谋略家，应该懂得如何在复杂多变的政治局势中保持长远的眼光和清醒的头脑，不被眼前的利益迷惑。

诚实不是傻瓜，坦诚并非幼稚

诚实并非愚蠢，而是谋略的基本；坦诚并非幼稚，而是智慧的选择。

这不是让我们做一个"傻白甜"，而是通往成功之路的必选项。

智慧的最高境界也并非偷奸耍滑、各种算计，而是"见山仍是山，见水仍是水"。

在人生道路上，我们很多人学会了说谎，学会了使用各种心机。很多时候，我们能从中得到收益。但是，我们的人生之路可能就此停顿了，因为再往前一步，我们就陷入迷雾，看不清前方的路该怎么走，就像是来到了一个瓶颈。

实际上，要想突破这个瓶颈，在成功之路上再向前走，我们需要回到初心，从"见山不是山，见水不是水"重新回到"见山仍是山，见水仍是水"的生命状态。

这个时候，诚实、坦率等这些早已被我们遗忘的品质才是此刻我们手中最有力的武器。与其说它们是品质，不如说它们是谋略的一种。

善谋者，诚字当先。唯有真诚，才能更上一层楼。

北魏时期曾发生过一起著名的"国史案"。

崔浩是当时著名的文学家与政治家，一直做到了宰相，为北魏王朝的巩固和北方地区的民族融合做出过很大贡献。北魏时期的掌权者是鲜卑族，他们之前一直生活在北方，是游牧民族，文化程度并不高，之前也没有记录历史的传统。在中原建立政权后，他们的统治者便想学习汉人记录历史，于是将这份工作交给了崔浩。

崔浩是一个正直的人，他在记录历史的时候，追求实事求是，追求客观，不会为了讨好统治者而歪曲事实。好的地方，他写，不好的地方，他也写。

然而崔浩毕竟身为宰相，位高权重，身边免不了一群拍马溜须的人，他们对崔浩说："您写的史书质量一定很高，但是只放在史馆里让我们少数人看，就太可惜了。应该把它刻在石头上，立在大道边，让来来往往的人都看到，以彰显您的修史成绩。"

崔浩觉得很有道理，于是命人将书的内容都刊刻在石碑上，让天下所有人都可以看到。

然而，崔浩的麻烦也来了：在封建王朝，历史是机密，哪能随随便便就能让普通百姓看到呢？

一起帮崔浩修史的高允就看到了这点，说："那些溜须拍马的人以这种方式谄媚于崔浩，无非是想为自己换回一点儿蝇头小利，却有可能给崔浩带来巨大的灾祸，而我们这些共同参与修史的人，恐怕也要受到连累。"

果然，一些鲜卑贵族和皇室成员看到石碑后，顿时火冒三丈，去找太武帝拓跋焘告状，并给崔浩安了个"暴扬国恶"的罪名，意思就是暴露、宣扬对国家形象不利的一面。

皇帝知道后也是勃然大怒，下令立案彻查。

崔浩和他的家族，以及关系较好的朋友都因此而受到了牵连，很多都遭受了灭顶之灾。

高允作为修史人员之一，按理说也要受到审查。幸运的是，他还是太子的老师，太子想保住老师，于是将他藏到了自己家里。

随后，太子准备带高允去见皇帝，便对他说："见到皇上后不要乱说，我说什么，你顺着我的话说就行了。"

见到太武帝后，太子就立即为老师辩护，说："高允只不过是一个小小的编修官，根本无权决定国史如何编修。所谓借助国史诽谤朝廷一事，全是崔浩的责任，与高允无关，希望父皇能赦免高允。"

太武帝闻之，问一旁的高允："是太子所说的那样吗？"

谁料，高允却说："太子说的并不对，崔浩身为宰相，十分繁忙。国史中的很多具体内容，其实是我写的。"

太武帝震怒，厉声说道："这样看来，高允的罪过比崔浩更甚，怎么能说他无罪呢？"

太子在一旁都吓坏了，再次辩解道："高允是一介小臣，平时没有太多机会见到父皇，今天难得见到父皇，一定是一时之间被皇恩吓到了，开始语无伦次。刚才来的时候，我就问过他，他的确说所有的责任都是崔浩的。"

太武帝平息了一下胸中的怒火，再次问高允："太子刚刚说的对吗？"

高允不改口吻，说："并非如此，我现在非常清醒。我明白这么说会给自己带来什么后果，但我必须实事求是地回答您。"

随后，高允又解释自己和太子之间的关系，太子是不想让老师受罪才这么教他说话。

在一旁的太子被高允的回答吓傻了，认为自己这次必定会遭到父皇的责问。

谁承想，太武帝听了高允的回答后，竟然十分满意，说："高允这样诚实的大臣真是难得，没有几个人能做到，他肯定知道实话实说会招来杀身之祸，却依然没有半点儿欺骗和隐瞒，坚持实事求是。这样的人才值得珍惜，这样的品德值得表彰。"

最后，高允不仅被皇帝赦免，而且得到了皇帝赏识。

与之前的丁公相比，高允和他恰恰相反。丁公看似聪明，反而断送了性命；高允看似笨拙，却获得了新生。

智慧不是耍小聪明，也不需要拐弯抹角。智慧往往和勇气、真诚联系在一起，当一个人能够坦荡地面对困境，并勇于承担责任时，他就拥有了真正的大智慧。高允的智慧正体现于此。

人到了一定境界，所有的套路与欺瞒都将不再管用，甚至可能会葬送自己的大好前途。

我相信各位都是追求大智慧的人，一定能明白其中的道理。

看似花枝招展的武功最终会被证明都是"三脚猫"的功夫，真正的武功往往都是最自然、最简单的。武林高手从来不会跟你耍那么多花里胡哨的东西，他们的功夫往往就一招，而这一招，足以致命。

真正成大事的人，哪个是靠"三脚猫"功夫成事的呢？

"假糊涂"才是"真聪明"

> 过于聪明的人,常是别人猜忌妒忌的对象。因为任何有所图谋的人,都不希望从事情刚开始筹划时便被识破。真正智慧的人,为了保全自己的一切,必会千方百计地掩饰自己的高明之处。

据说,在舜还未被尊为天下共主,尚未登上王位之前,他的生活并不如人们想象中那般顺遂和平安。他的异母弟弟象,心怀叵测,对家产垂涎三尺,为了能够独吞家中的财产,象不止一次地设计陷害,企图置舜于死地。

在那个时代,家庭权力的结构往往复杂而微妙,舜的父亲并不是一个明智的家长,而是一个昏庸无能之人;他的后母也不是一位温柔善良的女性,她与象一样,心中充满了对舜的嫉妒与不满。他们二人总是对舜百般刁难,对象却是溺爱有加,纵容他的恶行。

在这样的家庭环境中,舜始终保持着一颗宽容和善良的心。可即便如此,他的家人并未因此收敛,反而变本加厉。有一次,父亲和后母找到了舜,脸上带着焦急的表情,告诉他谷仓的顶部损坏了,需要他去修理。舜没有丝毫犹豫,他知道家中的每一件

事情都需要自己承担和解决。

于是，舜便爬上了谷仓，准备修补那破损的顶部。然而，就在他刚刚攀爬到仓顶的时候，他的父亲、后母和弟弟象却露出了他们的真面目。他们冷笑着抽掉了梯子，接着点燃了一把火，企图将舜烧死在那高高的谷仓之上。

火光冲天，浓烟滚滚，舜在仓顶上，独自面对着这突如其来的生死危机。他并没有放弃生的希望，机智地撑起了一只大斗笠，利用它作为临时的降落伞。就在这时，一阵大风刮过，舜借着风势，勇敢地跳了下来。就这样，他奇迹般地逃脱这场灾难，保住了自己的性命。

还有一次，父亲和后母要"命运多舛"的舜去淘井。那井很深，刚把舜吊到井底，上面的人就收了绳子，推下去几大堆泥土。象以为这一回舜死定了，很高兴。没想到，当他来到舜的房间时，却看见舜正坐在床上弹琴。这是怎么回事？原来那井底还另有一个出口，舜是从那里逃脱的。这一下，象惊呆了，他悔恨、羞惭不已，上前向哥哥道歉。舜呢，一脸若无其事的样子，他微微一笑，说："我并不计较。"

后来，万章与孟子谈论到这个故事中的舜。

万章坚持自己的观点，说："舜竟然不知道象要害自己！在两次事件中，他好像对此一无所知，这不是糊涂又是什么呢？"

然而，孟子并不认同万章的看法。他用平和而坚定的声音回答："你怎么能说舜不知道呢？舜非常清楚象的意图，但他选择了以慈悲和宽容对待自己的弟弟。"

万章继续追问："那么，如果按照您的说法，舜内心充满了忧虑和痛苦，但在外表上却装作一切都好，这不是强颜欢笑，不是伪善的表现吗？"

孟子摇了摇头，说："不，这绝不是伪善。当象意识到自己的错误，并表现出真诚的悔改时，舜怎么可能不感到欣慰和喜悦呢？这种行为不应被视为伪善，而应该被看作是宽宏大度的表现。"

战国时期，齐国有一位智者名叫隰斯弥，他以其敏锐的洞察力和深邃的智慧闻名于世。一日，隰斯弥受邀前往拜见齐国的权臣田成子。田成子是一个野心勃勃且心思深沉的人物，但他对隰斯弥的智慧颇为赏识，因此特地邀请他一同登上了高耸入云的观景台，以共赏四周的风光。

站在高台之上，两人放眼望去，四面的风景尽收眼底。北边是连绵起伏的山脉，东边是蜿蜒的河流，西边是广阔的田野，唯独南面的视线被隰斯弥家附近的一片树木所遮挡，仿佛一幅完美的画卷上多了一笔不和谐的色彩。

田成子似乎并未在意这些树的存在，他没有提及，也没有表现出任何不满。然而，隰斯弥却察觉到了这一点。

隰斯弥回到家后，立刻命令家人将那片遮挡视线的树木砍倒。

斧头刚刚挥动，树木尚未倒下几株，隰斯弥却突然改变主意，叫停了砍伐。家人们不解，纷纷询问原因。隰斯弥叹了口气，说："你们知道吗，有句古老的谚语说，'知道深水中的鱼是不吉祥的'。这句话的意思是，过于深入地探知他人的秘密，往往会给自己带来不祥之兆。"

他继续解释道:"田成子正筹划着一件大事,这件事绝非寻常,关系到齐国的未来。我若是表现得太过聪明,让他觉得我能洞察他心中的机密,那么我必将陷入危险之中。保留这些树木,或许会让他觉得我有所不知,但至少不会有罪过。然而,如果我知道了他的秘密,那么我所承担的风险和罪责将是难以预料的。"

故事中的舜与隰斯弥似乎很傻,糊里糊涂,而实际上这是一种精明人的糊涂。

中国人素来是很精明的,越是精明的人越知道处世之难,容易招致妒忌、非议,甚至为聪明而丧生。曹操因为妒忌杨修的才能而杀了他;隋炀帝因为妒忌薛道衡的诗,于是给他定了死罪,开刀问斩前还吟着薛道衡的诗句"庭草无人随意绿",洋洋自得地说:"这下你写不出这样的好诗了吧!"所以,从很早以前开始,中国人就深悟了"大智若愚"的道理,越是聪明,就表现得越是愚笨,以便在别人的轻视和疏忽中找到自我发展的空间。

古人说:"木秀于林,风必摧之;堆出于岸,流必湍之;行高于人,众必非之"。所以一些真正有智慧的人,一般都采取"守拙"的方法,以保护自己。那种把聪明全露在外面的举动实际上才是真正愚蠢的行为。

要记住,成事者,绝不会表现出自己多聪明的样子,古往今来的智者一次又一次告诫我们,人要学会"藏"住那个随时就可能喷薄而出的自我表现欲。